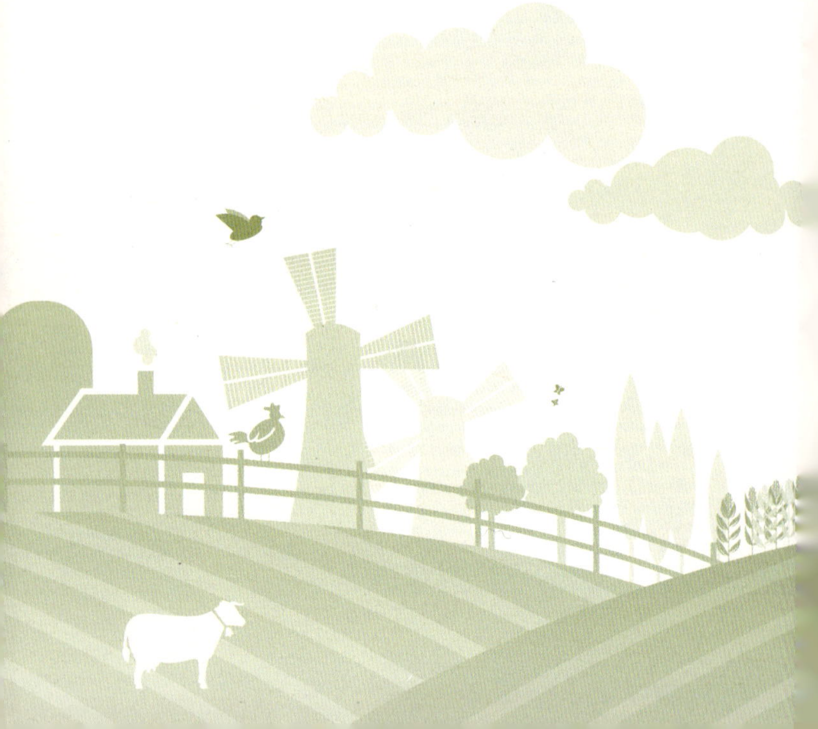

中国公民科学素质提升行动丛书

农民科学素质提升行动
· 融媒体版 ·

《中国公民科学素质提升行动丛书》编写组　编

科学普及出版社
·北 京·

丛书指导委员会

（按姓氏笔画排序）

孔源	关明	孙哲	李淼	李伯虎
杨起全	吴孔明	吴伟仁	何丽	何群
张步仁	林群	罗会仟	姜文良	宫晨光
胥和平	秦大河	袁江洋	高登义	唐芹
盛明富	雷家骕	翟杰全		

丛书编写组

（按姓氏笔画排序）

丁　培	万维钢	马志飞	马冠生	王　光
王　晨	王　翔	王　磊	王立铭	王俊鸣
王冠宇	王海风	牛玲娟	毛　峰	卞毓麟
尹　沛	尹传红	申立新	史　军	包　宏
冯桂真	邢立达	毕　坤	刘　博	刘　鹤
刘春晓	安　静	许　晔	许仁华	李　响
李　铮	李志芳	肖宗祺	吴　华	吴苏燕
余　翔	张　刃	张　闯	张　晔	张天蓉
张文生	张世斌	张劲硕	张继武	张婉迎
陈　灿	陈红旗	范丽洁	周又红	庞　辉
郑永春	单之蔷	孟　胜	赵　斌	赵春青
段玉佩	俞冀阳	闻新宇	姜　霞	祝晓莲
秦　彧	夏　飞	郭玖晖	郭晓科	黄　大
梁　进	董　宽	蒋高明	谢　兰	谢映霞
雷　雪	廖丹凤	赛先生	滕　飞	滕继濮
潘　亮	鞠思婷	魏晓青	籍利平	

前言

习近平总书记指出:"科技创新、科学普及是实现创新发展的两翼,要把科学普及放在与科技创新同等重要的位置。没有全民科学素质普遍提高,就难以建立起宏大的高素质创新大军,难以实现科技成果快速转化。"

《中国公民科学素质系列读本》(以下简称《素质读本》)是中国科协为推动全民科学素质行动在"十三五"期间的有效开展而立项的大型出版项目。《素质读本》于2015年9月出版,后于2016年10月升级为融媒体版。

2021年启动的第3版修订工作,对标《全民科学素质行动规划纲要(2021—2035年)》(以下简称《新纲要》),重点围绕践行社会主义核心价值观,大力弘扬科学精神,培育理性思维,养成文明、健康、绿色、环保的科学生活方式,提高劳动、生产、创新创造的技能等专题进行内容修订。根据《新纲要》界定的五大人群,本次修订后的《素质读本》更名为《中国公民科学素质提升行动丛书》,包括《小学生科学素质提升行动》《中学生科学素质提升行动》《农民科学素质提升行动》《产业工人科学素质提升行动》《老年人科学素质提升行动》《领导干部和公务员科学素质提升行动》。

《素质读本》自问世以来，取得了社会效益、经济效益双丰收：图书获多项省部级出版物奖，衍生产品《公民科学素质动漫微视频》获第五届中国出版政府奖音像电子网络出版物奖提名奖；图书累计发行逾130万册，视频全网播放量逾10亿次。希望本次修订的版本，能够继续成为我国公民科学素质提升行动的重要工作抓手之一，为我国科学素质建设发挥积极作用！

《中国公民科学素质提升行动丛书》编写组

2023年5月

目录

生命与健康

1. 为什么花的颜色丰富多彩 …………… 2
2. 如何防治外来生物入侵 …………… 4
3. 氧气来自哪里 …………… 6
4. DNA亲子鉴定可靠吗 …………… 8
5. 生男生女，爸妈谁决定 …………… 10
6. 人是怎样进化来的 …………… 12
7. 高血压偏爱哪些人 …………… 14
8. 导致冠心病的危险因素有哪些 …………… 16
9. 怎样预防脑血管病 …………… 18
10. 为什么在黑暗中待久了突然见光，人的眼睛会不适应 …………… 20
11. 糖尿病能根治吗 …………… 22
12. 为什么说过度清洁会降低孩子的抵抗力 …… 24
13. 计划免疫，你给孩子接种了吗 …………… 26
14. 心理因素是如何影响身体状况的 ………… 28

目 录

15 怎样做到合理饮食 ················· 30

16 为什么蔬菜和水果相互不能代替 ······· 32

17 为什么中午打盹儿有助于保持精力旺盛 ····· 34

18 人的正常体温是多少
怎样测量体温 ··················· 36

19 吸烟的危害有哪些 ················ 38

20 细菌有好坏之分吗
人体细菌多的部位是哪里 ············ 40

21 普通感冒与流感有什么区别 ········· 42

22 什么是艾滋病
人通过哪些途径感染上艾滋病 ········ 44

23 乙肝病毒有哪些传播方式 ············ 46

24 为什么说抗生素虽好但不能滥用 ········ 48

25 盲目输液有哪些危害 ················ 50

26 什么是人畜（禽）共患病 ············ 52

27 被放射性物质污染的食物，煮一煮就能
吃了吗 ························· 54

28 你了解"全能的"干细胞吗 ············ 56

29 为什么说治虫不如防虫 ·············· 58

30 杂交种子为什么不能留种 ············ 60

地球与环境

31 地球是如何形成的 ·············· 64
32 "天狗吃月"是怎么回事 ·············· 66
33 一天和一年是怎么来的 ·············· 68
34 所谓的"黑道凶日"和"黄道吉日"
   可信吗 ·············· 70
35 地球的里面长什么样 ·············· 72
36 为什么说地球上的水"既多又少" ·············· 74
37 你知道地震是怎么发生的吗
   遇到地震该怎么办 ·············· 76
38 沙尘暴是怎么形成的 ·············· 78
39 雾霾天气是怎么形成的 ·············· 80
40 为什么不能焚烧秸秆 ·············· 82
41 "白色污染"指的是什么 ·············· 84
42 过量使用化肥有什么危害 ·············· 86
43 如何防治农业面源污染 ·············· 88
44 农村环境污染物的主要来源有哪些 ·············· 92

数学与信息

45 能通过买彩票很快发财致富吗 ……………… 96

46 大数据是什么 …………………………………… 98

物质与能量

47 纳米材料的奥妙在哪里 ……………………… 102

48 激光是一种什么光 …………………………… 104

49 声音是怎样传播的 …………………………… 106

50 为什么先看到闪电后听见雷声 ……………… 108

51 怎样避免电磁辐射污染 ……………………… 110

52 如何给化石测"年龄" ………………………… 112

53 你知道核能吗

　　 为什么要建核电站 ……………………… 114

54 什么是农村清洁能源 ………………………… 116

工程与技术

55 互联网可以为农业生产带来哪些改变 …… 120

56 转基因技术有哪些应用 ……………………… 122

57 基因诊断技术在人类疾病诊断和治疗

　　 方面有哪些用途 ………………………………… 124

58 测土配方施肥是怎么回事 ⋯⋯⋯⋯⋯ 126

59 你知道什么是太空育种吗 ⋯⋯⋯⋯⋯ 128

60 为什么大力发展农村电子商务 ⋯⋯⋯⋯⋯ 130

科技与社会

61 什么是GDP
　什么是绿色GDP ⋯⋯⋯⋯⋯⋯⋯⋯⋯⋯ 134

62 什么是低碳生活
　如何养成良好的低碳生活习惯 ⋯⋯⋯⋯ 136

63 为什么科学家用小动物做实验来研究人类
　有什么依据 ⋯⋯⋯⋯⋯⋯⋯⋯⋯⋯⋯⋯ 140

64 如何建设农业强国 ⋯⋯⋯⋯⋯⋯⋯ 142

全民科学素质学习大纲结构导图

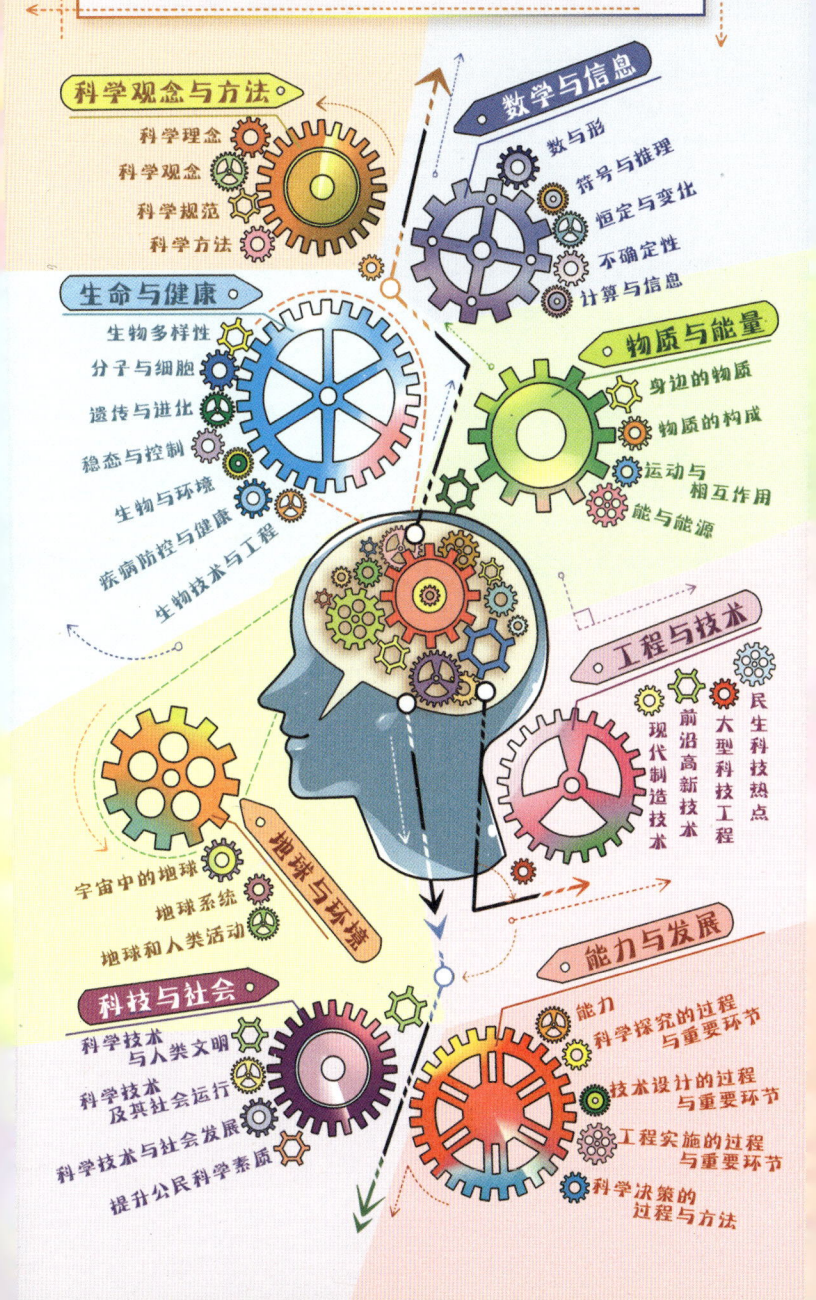

科学观念与方法
- 科学理念
- 科学观念
- 科学规范
- 科学方法

数学与信息
- 数与形
- 符号与推理
- 恒定与变化
- 不确定性
- 计算与信息

生命与健康
- 生物多样性
- 分子与细胞
- 遗传与进化
- 稳态与控制
- 生物与环境
- 疾病防控与健康
- 生物技术与工程

物质与能量
- 身边的物质
- 物质的构成
- 运动与相互作用
- 能与能源

工程与技术
- 民生科技热点
- 大型科技工程
- 前沿高新技术
- 现代制造技术

地球与环境
- 宇宙中的地球
- 地球系统
- 地球和人类活动

科技与社会
- 科学技术与人类文明
- 科学技术及其社会运行
- 科学技术与社会发展
- 提升公民科学素质

能力与发展
- 能力
- 科学探究的过程与重要环节
- 技术设计的过程与重要环节
- 工程实施的过程与重要环节
- 科学决策的过程与方法

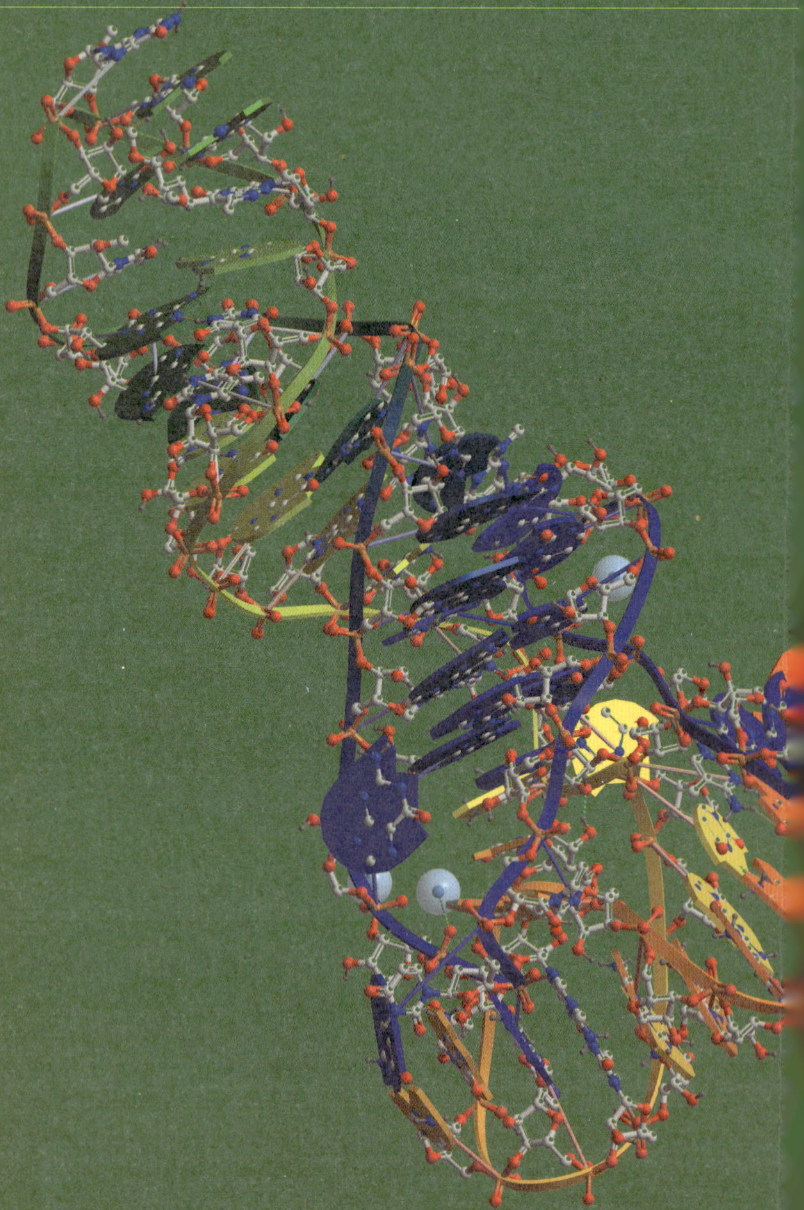

生命与健康

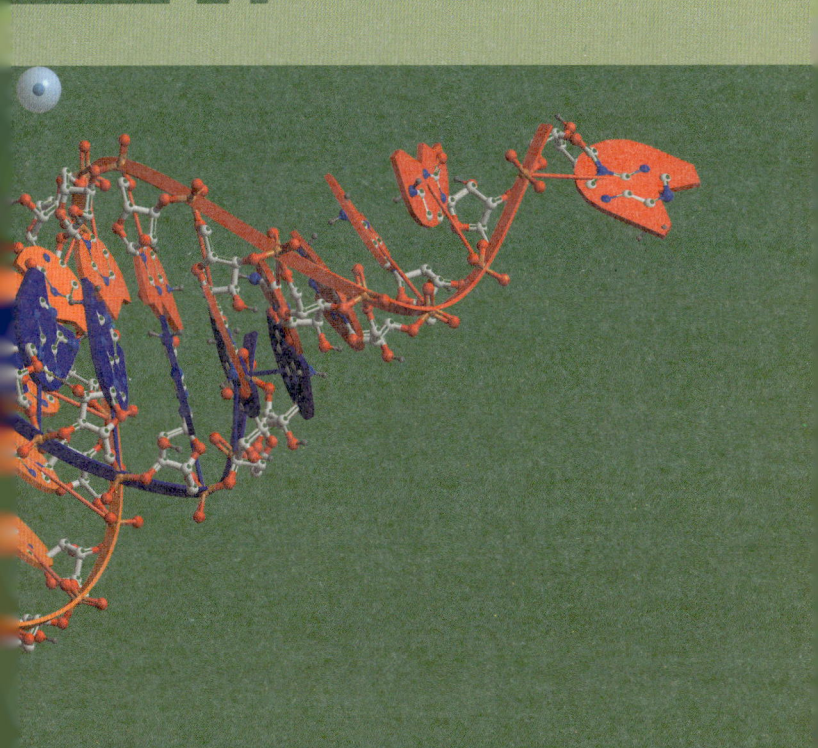

1 为什么花的颜色丰富多彩

除阳光、温度等外界因素外，决定花朵颜色的内因是花细胞液里含有的花青素。花青素是一种水溶性色素，可以随着细胞液的酸碱性改变颜色。花青素处于酸性溶液中时呈红色，

玫瑰
细胞液呈酸性

桔梗
细胞液呈碱性

薰衣草
细胞液呈中性

花朵颜色受花的细胞液的酸碱强度影响

酸性越强，颜色越红；处于碱性溶液中时呈蓝色，碱性较强时，呈现蓝黑色；处于中性溶液中时呈紫色。因此，万紫千红，丰富多彩，都是花青素随酸碱浓度变化所显示出来的。

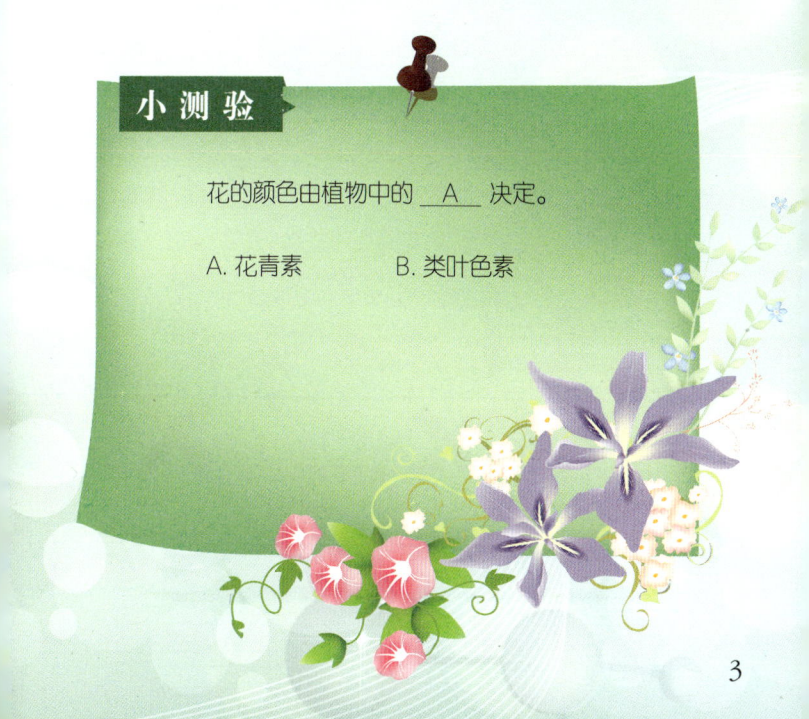

小测验

花的颜色由植物中的 __A__ 决定。

A. 花青素　　　　B. 类叶色素

2 如何防治外来生物入侵

外来生物入侵，通俗来说，指外来的生物（包括植物、动物和微生物）通过各种方式进入一个新环境，损害新环境的生物多样性、农林牧渔业生产以及危害人类健康，造成经济损失及生存灾难的过程。

在我国，外来生物入侵的例子数不胜数。

小龙虾

福寿螺

水葫芦

水花生

入侵的外来生物

当年为了解决养猪的饲料问题被引入的水葫芦，使当地原来的水生植被消亡，对水产养殖造成很大的伤害，同时还造成下水道淤塞，对航运、水力发电设施都造成影响；红火蚁在厦门翔安新店镇横行，咬伤村民无数，令村民谈蚁色变；早年用来致富引进的福寿螺，如今反而成了农田灾害，造成农作物大量减产。原产加拿大和美国等地的加拿大一枝黄花，因色泽亮丽，在我国曾被误当成观赏植物。其繁殖能力超强，与本土植物争夺营养物质，被称为"生态杀手"。在我国，这一恶性杂草现正被全面铲除。

防治外来生物入侵，国家首先要加强检疫，防止无意中引进物种；针对引进的物种，切实做好风险评估；对已入侵的物种，要及时进行控制和铲除。对我们个人来说，要注意不携带那些不应该携带的生物；如果携带生物要主动接受并配合有关部门的检查；发现异常物种或现象，要及时向相关部门报告。

小测验

外来生物入侵指外来的物种通过各种方式进入一个新的地区。__A__

A.对　　B.错　　C.不一定

3 氧气来自哪里

人和动物呼吸的氧气来源于植物。植物的绿叶在阳光的照射下，利用叶绿素，将空气中吸收来的二氧化碳和从根部运来的水转化为淀粉、葡萄糖等有机物，并且释放氧气。这个过程，叫作光合作用。据计算，3棵大桉树每

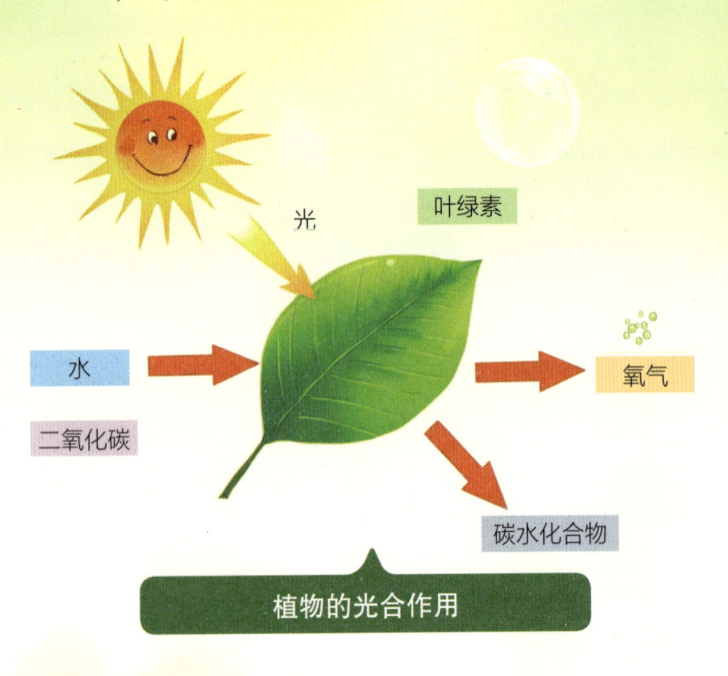

光　叶绿素

水

二氧化碳

氧气

碳水化合物

植物的光合作用

生命与健康

天吸收的二氧化碳，约等于1个人每天呼出的二氧化碳量。每年全世界的绿色植物，从空气中大约吸收几百亿吨的二氧化碳，并产生相应体积的氧气。正是因为有了绿色植物的辛勤劳动，才会有源源不断的氧气供应给我们，使我们得以生存下去。

小测验

我们呼吸的氧气来源于植物。__A__

A.对　　B.错　　C.不一定

4 DNA 亲子鉴定可靠吗

染色体是细胞内具有遗传性质的载体；DNA，中文名脱氧核糖核酸，是构成染色体的重要组成部分；基因是染色体上具有决定生物性状的 DNA 片段。

由于每个人的 DNA 是独一无二的，就好像指纹一样，所以 DNA 亲子鉴定是亲子鉴定中最为有效的方法。一个人有 23 对（46 条）染色体，同一对染色体同一位置上的一对基因称为

DNA 亲子鉴定最有效！

血液 毛发
唾液 口腔细胞

DNA 是存在于一切细胞中的生物遗传物质

等位基因，一个来自父亲，一个来自母亲。如果检测到某个DNA位点的等位基因，一个与母亲相同，另一个就应与父亲相同，否则就可能存在疑问了。利用DNA进行亲子鉴定，只要在十几至几十个DNA位点做检测，如果全部一样，基本就可以确定亲子关系了。如果有3个以上的位点不同，则可以排除亲子关系。因此，在DNA亲子鉴定中，选择的位点数越多，结论越准确；否定亲子关系的准确率几乎接近100%，肯定亲子关系的准确率可达到99.99%；双亲（指父母与孩子三人）鉴定准确率一般高于单亲（父母一方与孩子）鉴定准确率。

小测验

1. DNA是存在于一切细胞中的 __A__ ，中文译名为 __D__ 。

   A. 生物遗传物质 B. 生物物质
   C. 核糖核酸   D. 脱氧核糖核酸

2. 利用医学、生物学和遗传学的理论和技术，从子代和亲代的形态构造或生理机能方面的相似特点分析遗传特征，判断父母与子女之间是否是亲生关系，称为 __A__ 鉴定。

   A. DNA亲子   B. DNA亲属   C. DNA亲人

5 生男生女，爸妈谁决定

人类每一个体细胞内均有23对染色体，其中23条来自父亲，23条来自母亲。在46条染色体中，只有2条起决定性别的作用，这2条染色体被称为"性染色体"。男性的性染色体为XY，女性的性染色体为XX。

胎儿从母亲那里只能得到X染色体，从父

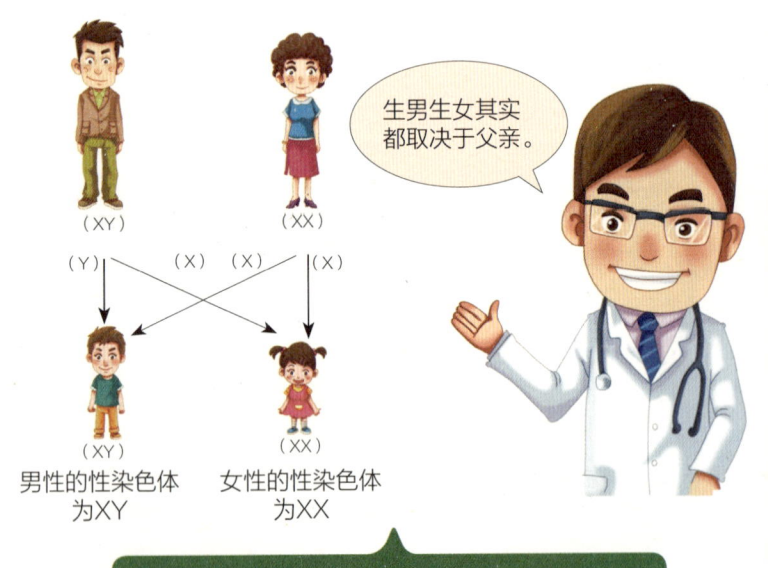

> 生男生女其实都取决于父亲。

染色体与胎儿性别的关系

亲那里可以得到 X 染色体或 Y 染色体。如果从父亲那里得到的是 Y 染色体，与从母亲那里得到的 X 染色体相结合，性染色体为 XY，意味着胎儿是男性；如果从父亲那里得到的是 X 染色体，与从母亲那里得到的 X 染色体相结合，性染色体为 XX，意味着胎儿是女性。

所以，胎儿的性别，在精子和卵子结合成受精卵的那一刻就已经注定了。事实上，孩子从父亲那里得到 X 或 Y 染色体的机会是均等的，所以发育成男性或女性的机会也是一样的。这种均等分配的原则，使得男女的人数和比例能保持一个基本平衡的状态。

生命与健康

小测验

当形成受精卵时，如果精子进入卵子时，携带的是 __A__ 染色体，那么生出来的孩子就是男孩；如果携带的是 __C__ 染色体，那么生出来的就是女孩。所以，生男生女都取决于 __E__ 。

A.Y　　B.X, Y　　C.X　　D.母亲　　E.父亲

6 人是怎样进化来的

目前最被认可的进化论学说认为，地球上的生命，从最原始的无细胞结构生物进化为有细胞结构的原核生物，从原核生

> 地球已经诞生了约 46 亿年。已知的生物有 200 多万种，其中植物 40 多万种、动物 150 多万种、微生物 10 多万种。它们是怎么形成的呢？

物进化为真核单细胞生物，然后按照不同方向发展，出现了真菌界、植物界和动物界。植物界从藻类到裸蕨植物再到蕨类植物、裸子植物，最后出现了被子植物。动物界从原始鞭毛虫到多细胞动物，从原始多细胞动物到出现脊索动物，进而演化出高等脊索动物——脊椎动物。脊椎动物中的鱼类又演化到两栖类再到爬行类，从中分化出哺乳类和鸟类，哺乳类中的一支进一步发展为高等智慧生物，这就是人。

生命与健康

生命进化树

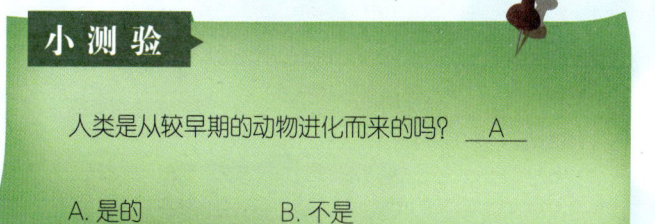

(哺乳类、鸟类、爬行类、鱼类、节肢动物、软体动物、环节动物、扁形动物、原生动物、细菌、两栖类、圆口类、棘皮动物、腔肠动物、苔藓、裸子植物、被子植物、蕨类、菌类、藻类、蓝藻)

小测验

人类是从较早期的动物进化而来的吗？ __A__

A. 是的　　　　B. 不是

13

7 高血压偏爱哪些人

根据《中国慢性肾脏病患者高血压管理指南（2023年版）》，在未使用降压药物的前提下，以下情况可诊断为高血压：非同日3次测量诊室血压，收缩压大于等于140毫米汞柱和（或）舒张压大于等于90毫米汞柱；单次诊室血压大于等于180/110毫米汞柱，并具有靶器官损伤或心血管疾病的证据；家庭血压监测平均收缩压大于等于135毫米汞柱和（或）舒张压大于等于85毫米汞柱。

膳食高盐、低钾、低钙、低动物蛋白质的人

吸烟喝酒

男性、老人

超重、肥胖

要警惕高血压！

高血压偏爱的人

高血压偏爱以下几类人。

1. **偏爱男性、老人。** 男性患高血压者明显多于女性。无论男女,随年龄的增长,高血压发病人数增多。

2. **偏爱膳食高盐、低钾、低钙、低动物蛋白质的人。** 一般北方人收缩压比南方人高,这可能与气候条件、饮食习惯、生活方式有关。

3. **偏爱脑力劳动者、白领。** 脑力劳动者和从事紧张工作的人,比体力劳动者的高血压患病率高;城市居民较农村居民患病率高。这可能与生活紧张、精神心理因素、社会角色有关。

4. **偏爱超重和肥胖的人。** 肥胖是高血压的重要危险因素。肥胖者高血压患病率是体重正常者的2～6倍。

5. **偏爱吸烟、喝酒的人。** 吸烟、酗酒可使血压升高,诱发冠心病。

6. **偏爱父母有高血压病史的人。** 调查结果发现,父母均患高血压病者,其患高血压病的概率高达45%。

生命与健康

8 导致冠心病的危险因素有哪些

　　冠心病是最常见的心脏病，指因冠状动脉发生粥样硬化病变而引起血管腔狭窄或阻塞，造成心肌缺血、缺氧或坏死而导致的心脏病。引起心脏冠状动脉管腔狭窄或阻塞的病变会减少心脏血流量的供应，情绪激动、运动量大量增加等因素则会引起心脏对血液需求量的增加，这些都是导致冠心病发生的危险因素。

引起心脏冠状动脉管腔狭窄或阻塞的病变会减少心脏血流量的供应。

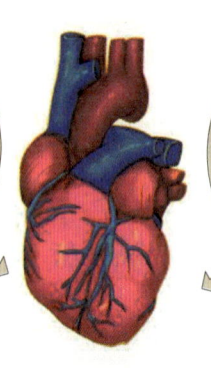

情绪激动、运动量大量增加等因素会引起心脏对血液需要量增加。

冠心病是一种最常见的心脏病

生命与健康

高血压、高血脂、糖尿病是患冠心病最重要的危险因素

引起冠心病的常见危险因素包括：

1. 高血压
2. 高血脂
3. 糖尿病
4. 吸烟、饮酒
5. 冠心病家族史
6. 年龄、性别
7. 肥胖和超重
8. 体力活动少
9. 不良饮食习惯，如喜欢高盐、高脂类饮食
10. 高尿酸血症

其中，高血压、高血脂、糖尿病是冠心病最重要的危险因素。

小测验

下列哪项是冠心病最重要的危险因素？ __B__

A. 饮食习惯　　B. 高血压、高血脂、糖尿病
C. 运动量

9 怎样预防脑血管病

脑血管病指因脑血管破裂出血或血栓形成引起的,以脑部出血性或缺血性损伤症状为主要临床表现的疾病。其发病较急,病情凶险,一旦发病,重则死亡,或遗留口眼㖞斜、言语不利及肢体麻木等后遗症,严重影响工作和生活。如何预防脑血管病呢?

言语不利

嗯……水……水

口眼㖞斜

肢体麻木

高度怀疑为脑血管病的症状

生命与健康

1. 养成良好的生活习惯,如低盐饮食、低脂饮食、戒烟、限酒、控制体重、适当运动等。

2. 注意劳逸结合,避免长期高度精神紧张。

3. 积极防治可能引起脑血管病的危险因素,如高血压、高血脂、心脏病与糖尿病等,特别要防止血压骤升骤降。

4. 定期体检,每年至少检查1次血脂、血压、血糖等指标,发现疾病及时就医。

5. 高龄老人起床、如厕等须放缓动作。

6. 一旦发生言语不清、一侧肢体麻木无力、视力突然下降、剧烈头痛、眩晕等症状,要及时到医院就诊。

小测验

下列哪项症状高度怀疑为脑血管病? __C__
A. 恶心、呕吐　　B. 头晕、头痛
C. 口眼㖞斜、言语不利、肢体麻木

10 为什么在黑暗中待久了突然见光，人的眼睛会不适应

人眼球的视网膜中感受光线的视觉细胞叫作感光细胞，分为两种：一种是视锥细胞，另一种是视杆细胞。两种视觉细胞是有分工的，在明亮处主要是视锥细胞发挥作用，以白昼活动为主的动物（如鸡），视网膜中的感光细胞几乎全是视锥细胞；在黑暗中主要是视杆细胞发挥作用，夜间活动的动物（如猫头鹰）的感觉细胞以视杆细胞为主。

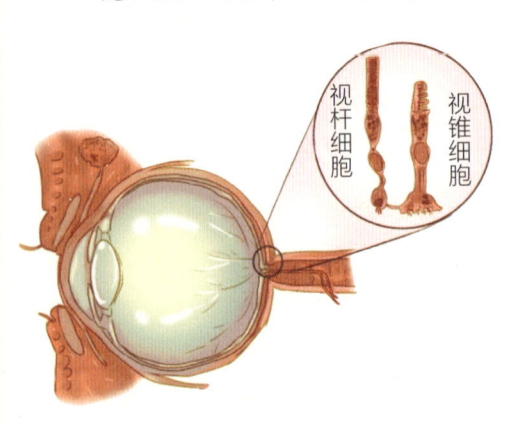

从黑暗中到明亮处或从明亮处到黑暗中，两种视觉细胞需要交接岗位，转换职责，所以人眼需要有适应时间。如果明暗

人的眼球

人眼需要时间适应明暗交替

突然交替，眼睛来不及适应，人就会感觉不舒服，有可能还会对眼睛造成损伤。这就是煤矿工人从地下矿井出来时要先蒙上眼睛、地震救援将伤者抬出来时也需要给他们蒙上眼睛的原因。

小测验

人眼有两类 __C__ ，分别适应明暗两种不同环境，交替工作。夜晚从门外进入灯光明亮的房间，或从明亮的房间走到室外，眼睛常有几秒钟看不见东西，这是两种 __A__ 在转换职责瞬间发生的现象。

A. 视觉细胞 B. 光差
C. 感光细胞 D. 光线

11 糖尿病能根治吗

糖尿病是由于胰岛素分泌缺陷或胰岛素作用障碍导致的以高血糖为特征的代谢性疾病。糖尿病会对心脑血管、肾脏、周围血管、物质代谢、眼底血管等造成危害。

对心脑血管的危害	心脑血管并发症是糖尿病致命性的并发症,主要表现为动脉粥样硬化以及微血管糖尿病病变。
对肾脏的危害	表现为蛋白尿、水肿,甚至引发肾衰竭。
对周围血管的危害	可引起周围血管病变,主要以下肢动脉粥样硬化为主。
对物质代谢的危害	糖代谢严重紊乱,严重时出现酮症酸中毒和高渗性非酮症昏迷,病死率极高,须紧急救治。
对眼底血管的危害	可造成糖尿病视网膜病变、视网膜黄斑水肿、白内障等多种糖尿病眼底病。

糖尿病是一种全身慢性进行性疾病，目前是无法根治的，不过可以通过合理规范用药、饮食调理、运动调理等稳定血糖。值得注意的是，影响糖尿病的可变因素较多，因此患者要坚持长期治疗，预防并发症的发生。

生命与健康

糖尿病目前是无法根治的，可以通过合理规范用药、饮食调理、运动调理等稳定血糖

小测验

下列哪种说法是错误的？　C

A. 糖尿病会对肾脏、心脑血管、周围血管、物质代谢等造成危害

B. 糖尿病目前是无法根治的

C. 可以不用药，通过饮食、运动等稳定血糖

12 为什么说过度清洁会降低孩子的抵抗力

> 孩子长期生活在"无菌"环境中,接触的微生物太少,导致自身免疫力低下,一旦与外界"亲密"接触,就会生病。

有的家长为了让孩子少生病,尽量不让孩子接触不干净的东西,比如不准外人触摸孩子,每天要用消毒水清洗衣物,孩子也不能玩儿泥巴、触摸小动物等。事实上往往事与愿违,孩子长期生活在"无菌"环境中,接触的微生物太少,导致自身免疫力低下,一旦与外界"亲密"接触,就会生病,比如容易过敏,发生哮喘、湿疹,常常患皮肤病等。

医学上一直提倡"卫生假说",即人是伴随病菌和病毒等病原体长大的,病原体会让人生病,但它同时也有助于增强人体免疫力。因此,家长不必过分追求无菌和干净,尽量不使用消毒水,只要做到经常开窗通风,适度使用沐浴产品,与大自然、小伙伴多接触,坚持适当的运动就可以了。

> 尽量不使用消毒水。

生命与健康

小测验

越来越多的研究表明,将细菌消灭得__A__的环境可能会给人类的健康带来危害。

A. 过于彻底　　　B. 不彻底

13 计划免疫,你给孩子接种了吗

计划免疫根据对传染病的疫情监测和儿童人群免疫状况的分析,按照科学的免疫程序,有计划地利用疫苗进行预防接种,以提高儿童群体的免疫能力,达到控制以至最后消灭相应传染病的目的。

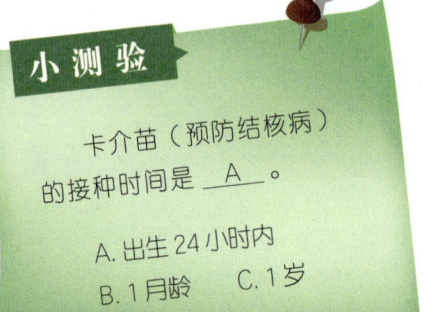

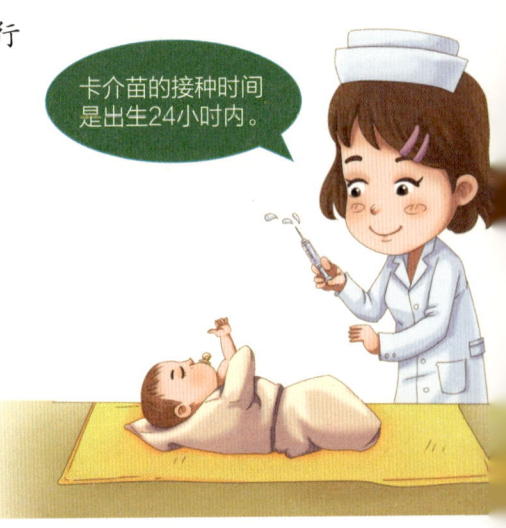

小测验

卡介苗(预防结核病)的接种时间是 __A__ 。

A. 出生24小时内
B. 1月龄　　C. 1岁

> 卡介苗的接种时间是出生24小时内。

接种疫苗的时间及名称

年龄	疫苗名称	次数	可预防的疾病
出生时	乙肝疫苗	第一次	乙型病毒性肝炎
	卡介苗	第一次	结核病
1月龄	乙肝疫苗	第二次	乙型病毒性肝炎
2月龄	脊灰疫苗	第一次	脊髓灰质炎（小儿麻痹）
3月龄	脊灰疫苗	第二次	脊髓灰质炎（小儿麻痹）
	无细胞百白破疫苗	第一次	百日咳、白喉、破伤风
4月龄	脊灰疫苗	第三次	脊髓灰质炎（小儿麻痹）
	无细胞百白破疫苗	第二次	百日咳、白喉、破伤风
5月龄	无细胞百白破疫苗	第三次	百日咳、白喉、破伤风
6月龄	乙肝疫苗	第三次	乙型病毒性肝炎
	流脑疫苗	第一次	流行性脑脊髓膜炎
8月龄	麻疹疫苗	第一次	麻疹
9月龄	流脑疫苗	第二次	流行性脑脊髓膜炎
1岁	乙脑减毒疫苗	第一次	流行性乙型脑炎
1.5岁	甲肝疫苗	第一次	甲型病毒性肝炎
	无细胞百白破疫苗	第四次	百日咳、白喉、破伤风
	麻风腮疫苗	第一次	麻疹、风疹、腮腺炎
2岁	乙脑减毒疫苗	第二次	流行性乙型脑炎
3岁	甲肝疫苗	第二次	甲型病毒性肝炎
	A+C流脑疫苗	加强	流行性脑脊髓膜炎
4岁	脊灰疫苗	第四次	脊髓灰质炎（小儿麻痹）
6岁	无细胞百白破疫苗	加强	百日咳、白喉、破伤风
	麻风腮疫苗	第二次	麻疹、风疹、腮腺炎
	乙脑减毒疫苗	第三次	流行性乙型脑炎
小学四年级	A+C流脑疫苗	加强	流行性脑脊髓膜炎
初中一年级	乙肝疫苗	第四次	流行性乙型肝炎
初中三年级	无细胞百白破疫苗	加强	百日咳、白喉、破伤风
大学一年级	无细胞百白破疫苗	加强	百日咳、白喉、破伤风
	麻疹疫苗	第二次	麻疹

生命与健康

14 心理因素是如何影响身体状况的

　　我国医学很早就重视心理因素的致病作用。现代医学研究表明，多疑、傲慢、自卑、说谎、嫉妒、忧郁、恐惧等不良心理，会扰乱大脑的功能，引起机体内环境失调，从而使人生病，或者使病情恶化。愉快的心理情绪则可以提高大脑及整个神经系统的功能，使身体各个器官和系统的活动协调一致，从而保证食欲旺盛，精力充沛，思维敏捷，行动灵活。在这种状态下，人体适应环境的能力以及抵抗疾病的能力都会明显增强。

因此，为了身体健康，每个人都要培养和保持健康的心理，做情绪的主人。

> 生命与健康

1. 用理智和意识来控制自己的情绪。
2. 通过转移注意力来调节自己的情绪。
3. 多方面培养自己的兴趣爱好。
4. 平时加强思想修养，学习一些心理卫生知识，努力用科学知识充实自己的头脑。

小测验

心理因素与疾病的发生有关系吗？　C

A. 没有关系　　B. 关系不大
C. 有重要的关系

15 怎样做到合理饮食

均衡合理的膳食结构是人类整个生命进程中提高和保持健康状况的重要因素。平衡膳食指提供给人体的营养素种类齐全，数量充足，比例搭配合理，能保证机体各种生命活动需要的膳食。

盐<5克
油25～30克

奶及奶制品300～500克
大豆及坚果类25～35克

动物性食物120～200克
——每周至少2次水产品
——每天1个鸡蛋

蔬菜类300～500克
水果类200～350克

谷类200～300克
——全谷物和杂豆50～150克
薯类50～100克
水1500～1700毫升

身体活动6000步

中国居民平衡膳食宝塔图

总体来说，合理的饮食要做到以下几点。

生命与健康

1. 食物多样，以谷类为主，粗细搭配。
2. 多吃蔬菜、水果和薯类。
3. 每天吃奶类、大豆或其制品。
4. 常吃适量的鱼、禽、蛋和瘦肉。
5. 减少烹调油用量，吃清淡少盐膳食。
6. 食不过量，天天运动，保持健康体重。
7. 三餐分配要合理，零食要适当。
8. 每天足量饮水，合理选择饮料。
9. 饮酒应限量。
10. 吃新鲜卫生的食物。

小测验

下列哪种饮食习惯是健康的？　A

A. 少油少盐少糖　　B. 多吃大鱼大肉
C. 以果汁代替饮水

16 为什么蔬菜和水果相互不能代替

蔬菜和水果在营养成分和健康效用方面有很多相似之处,但营养价值各有特点。蔬菜品种远多于水果,而且多数蔬菜(特别是深色蔬

鱼禽蛋和瘦肉

奶类和豆制品

少油少盐少糖

1500~1700毫升水

粗粮细粮

饮料和酒

蔬菜水果薯类

吃东西要杂一些,总量控制,种类越多越好

菜）的维生素、矿物质、膳食纤维等含量高于水果，所以水果不能代替蔬菜。但水果中的碳水化合物、有机酸和芳香物质比新鲜蔬菜多，且水果食用前不用加热，其营养成分不受烹调因素的影响，所以蔬菜也不能代替水果。推荐每餐有蔬菜，每日吃水果。

小测验

水果不能代替蔬菜，水果多含 __B__ ，而蔬菜多含 __A__ 。另外，果汁也不能代替水果，因为它在制作过程中，已经损失了大量的 __D__ 。

A. 不可溶性的纤维　　B. 可溶性的纤维
C. 维生素　　　　　　D. 膳食纤维

17 为什么中午打盹儿有助于保持精力旺盛

我们人体的脑细胞一般可以维持兴奋4~5小时，之后便会转入抑制状态。午饭之后，为了促进食物的消化和吸收，消化道的血液供应需要明显增多，大脑的血液供应相应就会减少，从而导致随血流进入大脑的氧气也相应减少。于是，人体的生物钟会出现一次睡眠节律，使人产生精神不振、昏昏欲睡的感觉。此时，身体需要进行短时间的休息调整，以消除疲劳，恢复体力，稳定神经系统功能的平衡。所以，午间打盹儿是健康的生活习惯，不仅能迅速解乏，还能提升免疫力，让精力变得更充沛。

打盹儿是专家推荐的健康生活习惯，不仅能有效提升免疫力，还能迅速解乏，让精力更充沛。

生命与健康

小测验

德国科学家发现，人的完全苏醒状态只能持续约 __B__ 小时，因此，即使白天也会产生小睡一会儿的需求。所以，__D__ 是现代快节奏生活中消除疲劳、补充精力、提高工作效率的有效措施。

A. 8　　　　　　　B. 4
C. 多睡觉　　　　D. 打盹儿

18 人的正常体温是多少 怎样测量体温

成人的正常体温在 36～37℃（腋下测量），儿童的腋窝下温度在 35.9～37.2℃。超过正常范围的最高温度 0.5℃以上时可称为发热。以腋下体温计为例，37.5～38℃是低热，38～39℃为中度发热，39～40℃是高热，40℃以上是超高热。

> 人体正常体温一般在36～37℃。

测量腋窝下温度

生命与健康

正常体温的测量方法是：在8点左右、15点左右及20点左右各测一次体温，连续测量几天，取其最稳定的值就是正常体温。测体温时，应先将体温表的水银柱甩到35℃以下，再用棉签蘸酒精擦拭消毒，放置腋下测量。年龄小或昏迷的小儿可测肛门温。

小测验

腋温37.8℃是 __A__ ，39.2℃是 __C__ ，36～37℃是 __D__ 。

A. 低热　　　　B. 中度发热
C. 高热　　　　D. 正常体温

19 吸烟的危害有哪些

烟草危害是当今世界严重的公共卫生问题之一，全球每年因吸烟导致的死亡人数高达 600 万人，超过因艾滋病、结核、疟疾导致的死亡人数之和。我国吸烟人数逾 3 亿人，另有约 7.4 亿不吸烟人遭受二手烟的危害；每年因吸烟相关疾病所致的死亡人数超过 100 万人。在烟草烟雾中已发现 7000 余种化学成分，其中大部分为有害物质，至少有 69 种致癌物，还有多种有害气体、重金属、放射性物质以及使人上瘾的尼古丁。

吸烟的主要危害在于：

1. 是肺癌的首要危险因素，还可导致口腔癌、食管癌、胃癌、肝癌、膀胱癌等多种恶性肿瘤。
2. 导致多种呼吸系统疾病，如慢性阻塞性肺疾病（慢阻肺），增加呼吸系统感染的发病风险，增加罹患肺结核的风险。
3. 引发2型糖尿病，且增加其并发症的发生风险。

经过测试，一个空间内如果5～6人每人吸1根烟，这个屋里的$PM_{2.5}$的含量要比雾霾天严重得多。吸烟不但给本人带来危害，还会殃及子女，造成胎儿死亡、先天畸形，引起青少年哮喘。因此，为了健康，要尽早戒烟。

生命与健康

小测验

1. 在香烟燃烧后的烟雾中含有 __A__ 有害物质，吸烟会导致人产生肺部、心血管、骨质疏松、癌症等多种疾病。
   A. 几千种　　B. 几十种　　C. 几种
2. 吸烟有害健康。据权威机构统计，成年吸烟者92%以上均有戒烟愿望，有70%以上的人都曾有过或长或短的戒烟史，但大部分最终失败。究其原因，是由 __C__ 的成瘾性所致。
   A. 烟味　　　B. 吸烟　　　C. 尼古丁

20 细菌有好坏之分吗 人体细菌多的部位是哪里

提起细菌,人们往往谈"菌"色变。其实,细菌也有好坏之分。以在肠道的菌群为例,有提供正能量的有益菌,比如我们熟悉的双歧杆菌、乳酸菌;有爱作怪的有害菌,比如能导致食物中毒的沙门氏菌、金黄色葡萄球菌;还有一群中立、敏感的条件致病菌,比如大肠

有害菌导致食物中毒　　有益菌对肠道有好处

小测验

细菌有好坏之分吗? __B__

A. 没有　　　B. 有

杆菌。三类菌群正常运作、良性竞争,促进蛋白质、矿物元素等营养物质的吸收,为我们的身体提供营养素,并且形成抵抗力。

人体细菌较多的地方是口腔、鼻腔、皮肤、肠道、外阴。以肠道菌群为例,它由100万亿个细菌组成。

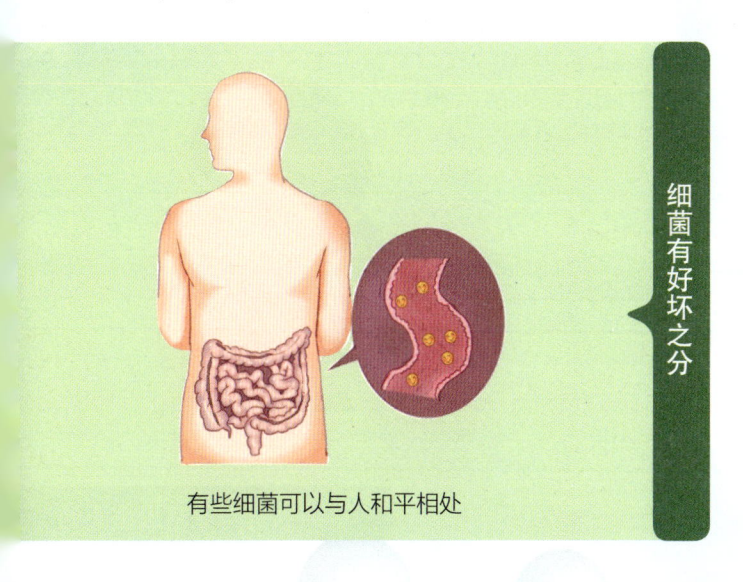

有些细菌可以与人和平相处

细菌有好坏之分

21 普通感冒与流感有什么区别

流感和普通感冒都是呼吸系统疾病，都可以有不同程度的发热和呼吸道症状，但两者是完全不同的疾病。普通感冒的病原复杂多样，多种病毒、支原体和少数细菌都可以引起感冒，一年四季均可发生。而流感是由流感病毒引起的，主

普通感冒

> 多种病毒、支原体和少数细菌都可以引起感冒。

> 普通感冒如没有并发症 1 周即可自愈，很少危及生命安全。

普通感冒与流感最重要的

生命与健康

小测验

普通感冒与流感最大的区别是 __C__。

A. 症状不一样　　B. 发病季节不同
C. 对人体的危害不同

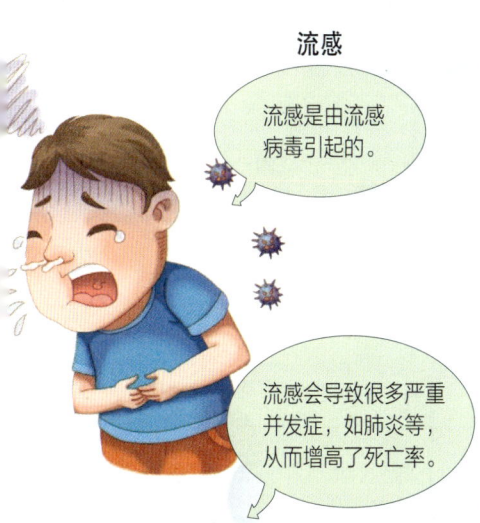

流感

流感是由流感病毒引起的。

流感会导致很多严重并发症,如肺炎等,从而增高了死亡率。

区别是对人体危害不同

要发生在冬春季节。两者之间最重要的区别是危害不同。普通感冒如没有并发症1周即可自愈,很少危及生命安全。流感则会导致很多严重并发症如肺炎等,增加死亡率。

22 什么是艾滋病 人通过哪些途径感染上艾滋病

艾滋病也称获得性免疫缺陷综合征，是人体感染了人类免疫缺陷病毒（HIV，又称艾滋病病毒）所导致的传染病。通俗来讲，艾滋病就是人体的免疫系统被艾滋病病毒破坏，使人体对威胁生命的各种病原体丧失了抵抗能力，

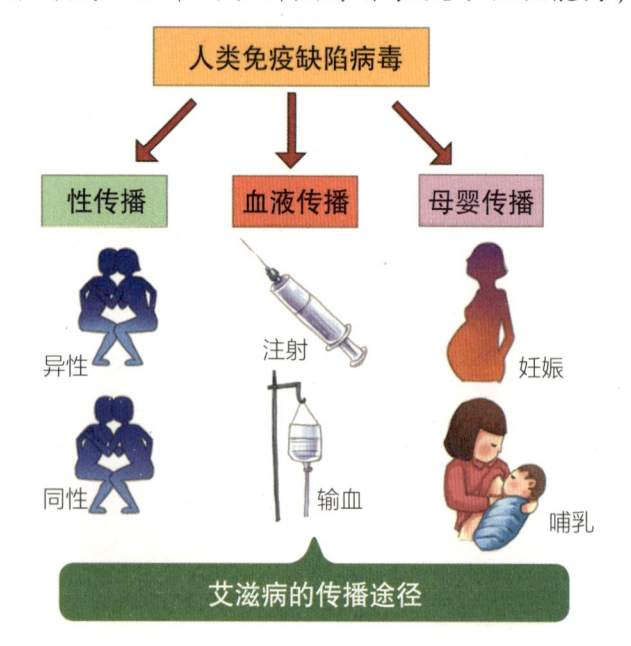

人类免疫缺陷病毒

- 性传播
  - 异性
  - 同性
- 血液传播
  - 注射
  - 输血
- 母婴传播
  - 妊娠
  - 哺乳

艾滋病的传播途径

从而引发多种感染或肿瘤，最后导致死亡的一种严重传染病。

艾滋病的临床表现，初期可有伤风、流感的症状，如全身疲劳、无力、食欲减退、发热等，随着病情加重，症状逐渐增多，如皮肤、黏膜出现白色念珠菌感染，出现单纯疱疹、带状疱疹、紫斑、血肿、体重减轻等症状，皮肤容易损伤，伤后出血不止等；之后逐渐侵犯内脏器官，不断出现原因不明的持续性发热，可长达3~4个月，还可出现咳嗽、气短、持续性腹泻、便血、肝脾肿大、并发恶性肿瘤、呼吸困难等。

艾滋病主要有三条传播途径：一是性接触传播；二是血液传播；三是母婴传播。一般的接触（如一起吃饭、握手等）不会传染艾滋病。

小测验

艾滋病的主要传播途径是 __A__ 。

A. 性接触传播、血液传播、母婴传播
B. 一起吃饭、握手、拥抱
C. 共同生活

23 乙肝病毒有哪些传播方式

乙肝病毒主要通过以下途径传播。

1. **血液传播。** 血液传播是最主要的传播途径，如输入全血、血浆、血清或其他血制品。实验证明，只要含有极微量乙型肝炎病毒的血液，就可引起乙型肝炎的传播。

2. **母婴传播。** 如孕妇携带病毒，会通过产道对新生儿进行垂直传播；妊娠晚期发生肝炎的孕妇会感染胎儿。

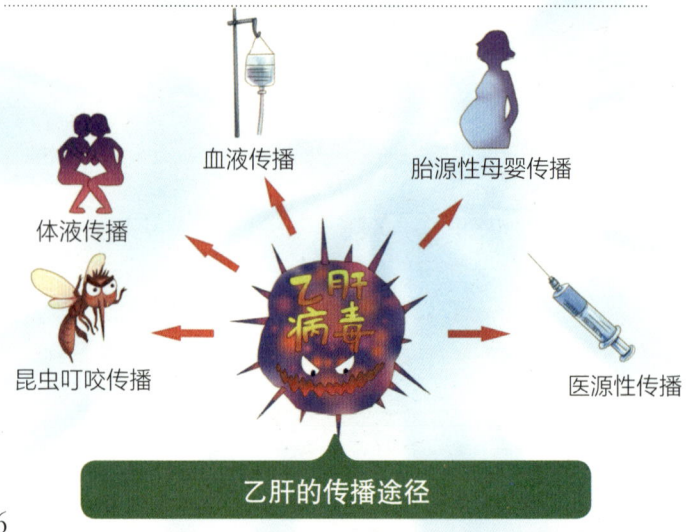

体液传播　血液传播　胎源性母婴传播

昆虫叮咬传播　　　　医源性传播

乙肝的传播途径

3. **医源性传播。** 如医疗器械被乙肝病毒污染后消毒不彻底或处理不当，可引起传播；共用注射器进行静脉注射吸毒，可导致包括乙型肝炎、艾滋病等在内的多种传染性疾病的传播；此外，血液透析患者常是乙型肝炎传播的对象。

4. **体液传播。** 乙肝患者的体液具有传染性，体液包括唾液、泪液、汗液、精液、血液、乳汁等。如果皮肤黏膜破损，再沾染含有乙肝病毒的体液，就可能感染。性接触传播属于体液传播的一种。乙型肝炎的性传播是性伙伴感染的重要途径，这种传播亦包括夫妻间的传播。

5. **昆虫叮咬传播。** 热带、亚热带的蚊虫以及各种吸血昆虫，可能对乙型肝炎传播起一定作用。

小测验

下列乙肝患者的体液哪些具有传染性？　D

A. 唾液、泪液、汗液
B. 精液　　C. 血液
D. 唾液、泪液、汗液、精液、血液、乳汁

24 为什么说抗生素虽好但不能滥用

抗生素不仅能杀灭细菌，而且对真菌、支原体、衣原体等其他致病微生物也有良好的抑制和杀灭作用。通俗来讲，抗生素就是用于治疗各种细菌感染以及致病微生物感染的药物。

抗生素可分为多种类型，每一种类型对一定范围内的细菌有杀灭或抑制作用，

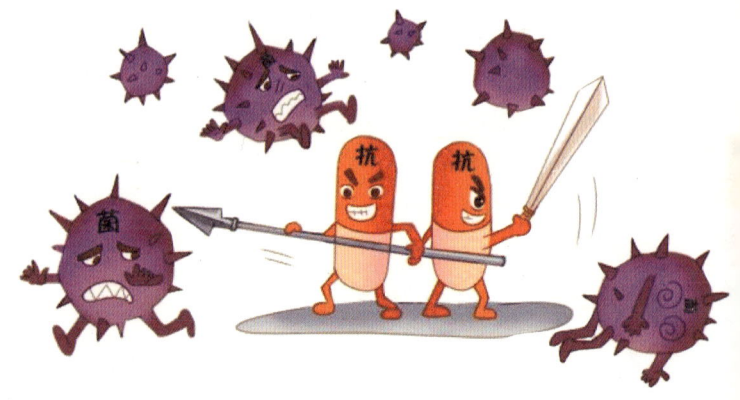

> 滥用抗生素的最大危害是使越来越多的细菌产生耐药性，一些原来很有效的抗生素渐渐失去了效力。

但对另外的细菌则没有作用。如果抗生素选择错误或一种抗生素使用时间过长，就会造成不良后果。轻的对疾病没有治疗作用，严重的将会延误病情。

滥用抗生素的最大危害是使越来越多的细菌产生耐药性，一些原来很有效的抗生素渐渐失去了效力。为了对付细菌的耐药性，医生不得不同时使用多种抗生素，这样，一些脆弱的有益细菌也会被置于死地，导致菌群失调，人体的抗病能力降低。还有，抗生素或多或少对人体产生副作用。此外，过多使用抗生素，会使自身的防御能力明显降低。

小测验

滥用抗生素的最大危害是 __B__ 。

A. 人体抵抗力下降　B. 产生耐药性

C. 癌症发病率增加

25 盲目输液有哪些危害

输液又被老百姓称为打点滴或吊水,指通过静脉滴注的方式,向体内注入一定的液体(一次给药在100毫升以上)。世界卫生组织要求,治疗中"可以口服的不注射,可以肌肉注

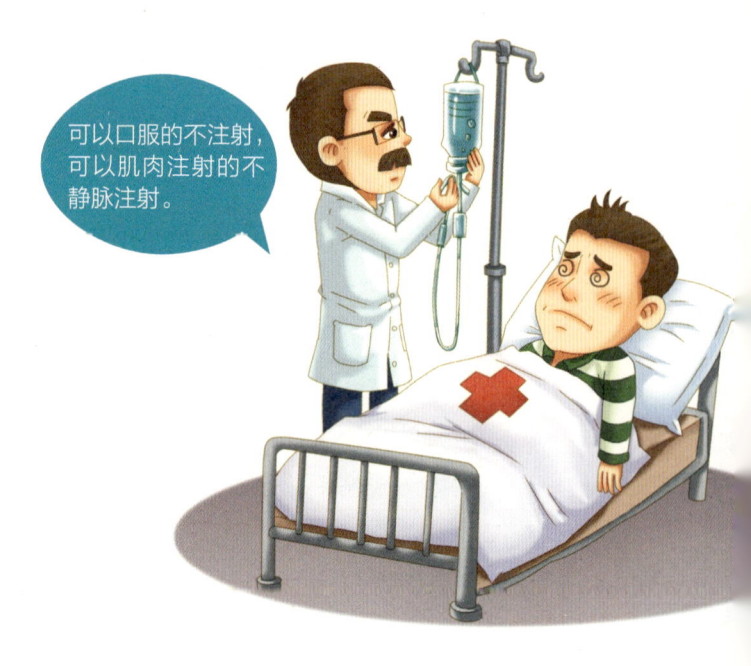

射的不静脉注射。"如医生违背这一原则，会给患者造成不良后果，甚至危及生命。

在什么情况下才需要输液呢？当患者病情危重、凶险时，特别是出现神志不清，不能或很难口服药物，或者胃肠道有反应时，必须进行输液治疗；使用不适宜口服的部分药物时，如青霉素等，由于易被胃酸破坏，可以采用输液的方式；使用胃肠反应大的药物时，也可以采用输液的方式。

尤其需要提醒的是，并不是一发烧就必须输液。一般来说，当患者的体温在38.5℃以下，可通过服用药物退热或使用冰袋物理退热；只有当患者体温超过38.5℃，且高烧不退，或者严重脱水导致体液电解质紊乱时，静脉输液退热才是不得已的选择。

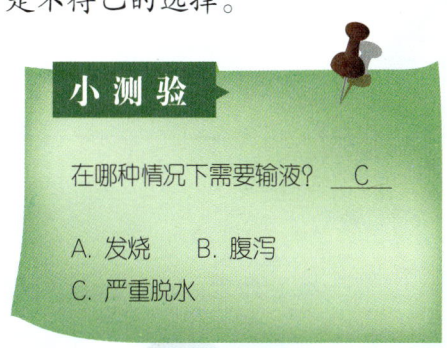

小测验

在哪种情况下需要输液？ __C__

A. 发烧　　B. 腹泻
C. 严重脱水

26 什么是人畜(禽)共患病

人畜(禽)共患病指由同一种病原体引起、流行病学上相互关联、在人类和动物之间自然传播的疫病。其病原包括病毒、细菌、支原体、螺旋体、立克次氏体、衣原体、真菌、寄生虫等。

世界上已证实的人畜(禽)共患病约有200种。狂犬病、肺结核、流行性乙型脑炎、禽流感、血吸虫病、口蹄疫、鼠疫、霍乱、天花、破伤风等都是常见的人畜(禽)共患病。

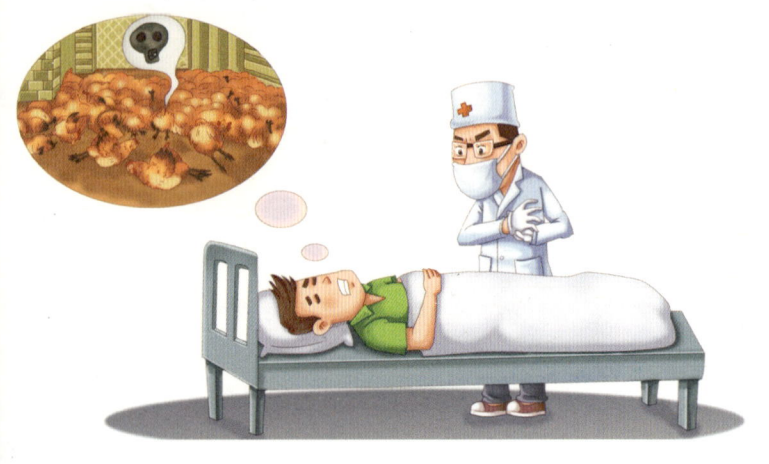

> **小测验**
>
> 哪种是人畜（禽）共患病？ __A__
>
> A. 禽流感　　B. 普通感冒
> C. 艾滋病

人畜（禽）共患病主要通过触媒、虫媒、呼吸、唾液、饮食、粪便传播，直接或间接地接触病畜（比如有些宠物爱好者随意与带疾病的动物拥抱亲吻、同吃同睡），被携带病毒的蚊蝇等昆虫叮咬，通过呼吸道吸入患病动物打喷嚏和咳嗽时带出的飞沫，被患狂犬病的猫狗等咬伤，以及食用了被粪便污染的食品、饮水，都会患病。

人畜（禽）共患病危害极大，可导致人死亡、残疾和丧失劳动能力，并引起生物灾害，我们要积极应对。

1. 搞好环境卫生，根除动物传染源。
2. 严格动物检疫，切断传播途径。
3. 加强环境管理，提高公共卫生水平。
4. 注意个人卫生，提高防护能力。
5. 对患者或病畜（禽）要及时进行隔离和治疗。

27 被放射性物质污染的食物，煮一煮就能吃了吗

放射性物质指那些能自然地向外辐射能量、发出射线的物质，一般都是原子质量很高的金属，如钚、铀等。

食物大都不同程度地含有来自自然界的放射性物质。这些极微量的天然放射性物质不会

> 煮食一般不能减少被污染食物中的放射性物质。

影响我们的身体健康和日常生活,所以不必担心。我们可以对食物进行清洗、擦抹、大力擦拭、去皮、摘去外叶等适当处理,减少食物可能残留的放射性物质。此外,把含有放射性物质的食物存放较长时间,也能降低放射性物质的含量,而煮食一般不能减少食物中的放射性物质。

核爆炸、核废物排放和核工业意外事故会人为地产生放射性物质,污染空气、土壤、水,从而间接污染食品。如果长期食用含有超过安全剂量标准的放射性物质的食物,会增加患癌风险。所以,尽量不要食用受过意外放射性事故污染的食物。

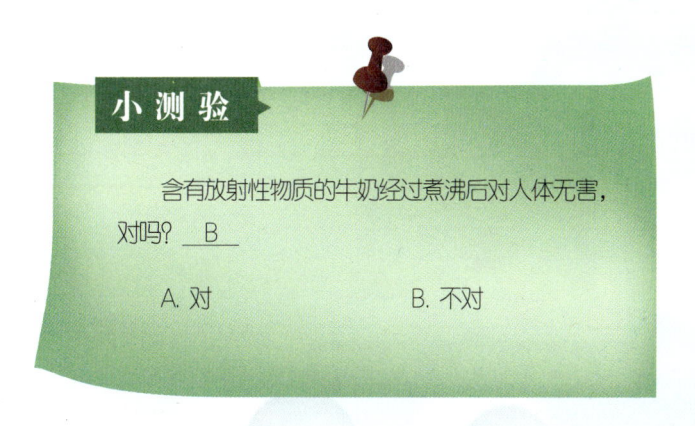

小测验

含有放射性物质的牛奶经过煮沸后对人体无害,对吗? __B__

A. 对 B. 不对

28 你了解"全能的"干细胞吗

自我无限复制。

分化成其他类型的组织细胞。

利用造血干细胞移植技术治疗白血病。

干细胞可治疗疾病

干(gàn)细胞是一类具有自我复制能力的多潜能细胞,具有两种特性:一是可以自我无限复制;二是可以分化成其他类型的组织细胞。

干细胞具有这两种神奇特性,因此可以利用干细胞来治疗一些用其他的方法比较难以治愈的疾病。目前,我们已经成功地利用造血干细胞移植技术治疗白血病。未来，患有失明、脑瘫、阿尔茨海默病、糖尿病、慢性心脏病、急性心肌梗死等疾病的人，甚至癌症患者，都有希望借助干细胞移植得以康复。

2015年，世界首个干细胞治疗产品在欧洲上市，用于修复患者眼角膜的损伤。近年来，中国干细胞临床转化路径逐步清晰。2017年，首批8个干细胞临床研究通过国家备案，此后的3年中备案项目已增至60余项。

小测验

1. __C__ 是一种未充分分化、尚不成熟的细胞，具有再生各种组织器官和人体的潜在功能，医学界称为"万用细胞"。

    A. 细胞　　B. 活细胞　　C. 干细胞

2. 人体的衰老，皱纹的出现，究其根源都是细胞的衰老和减少。而细胞的衰老和减少则是由 __A__ 老化引起的。

    A. 干细胞　　B. 细胞　　C. 活细胞

29 为什么说治虫不如防虫

正如治病不如防病一样,治虫不如防虫。

防虫就是在发生害虫大量造成危害以前采取措施,使害虫种群数量较稳定地被抑制在引起作物损害的数量水平之下,采取物理、生物等防治措施,稳定、持久、经济、有效地控制害虫的发生以及

小测验

生活在农田里的昆虫就是害虫吗? __B__

A. 正确　　　　　　B. 错误

生命与健康

避免或减少对生态环境的不良影响。防虫为治本之策。而治虫指害虫大量发生时采取喷洒农药等措施控制害虫的危害，表面上害虫已经被消灭，但实际上农作物已经减产并存在农药残留的风险。这样的措施往往防治成本高、效益低，影响生态系统平衡，为治标之举。

治虫不如防虫。

30 杂交种子为什么不能留种

　　杂交种指采用两个不同遗传性的亲本（自交系），经过杂交而获得的后代。杂交种第一代（F1）无论株高、茎叶、根系和籽粒，以

第一代

母本　　父本

第二代

第三代

亲本与杂交种

及在抗旱耐涝、抗病虫害和抗倒伏能力、光合作用等方面，都比亲本优越得多，因而产量也就大幅度提高，这些优越性，便是一般所讲的杂种优势。生产上如果将杂交种第一代种植收获后留种，来年继续种植，就是杂交种第二代（F2）。杂交种第二代会出现性状分离，表现为植株高矮不齐，果穗大小不一致，成熟早晚也不一致，杂交种优势显著减弱，产量也大大降低。所以，杂交种子不能留种。

小测验

所谓的 __B__ ，指地域气候适应性强，能够实现无性繁殖，多年生，具有较强的抗病性、广泛适应性的水稻品种。

A. 杂交稻　　B. 傻瓜水稻　　C. 双季稻

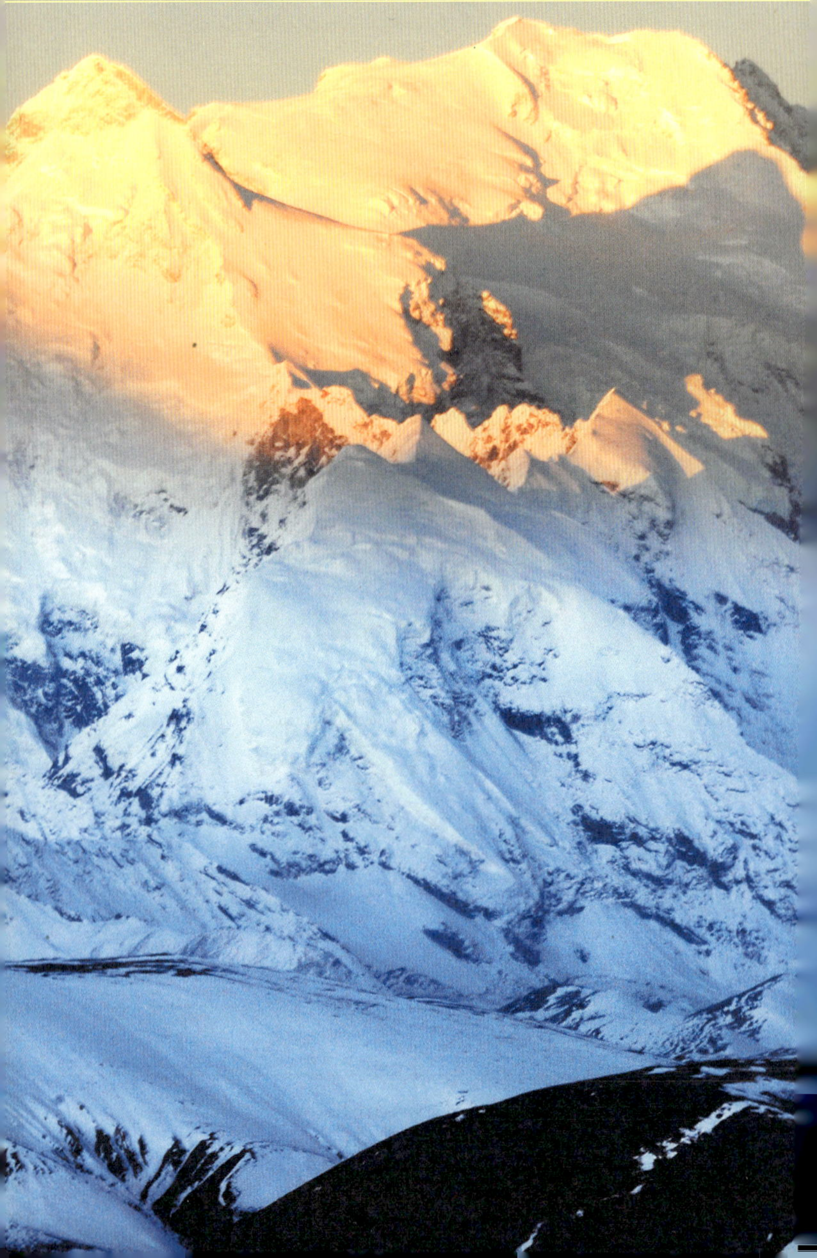

地球与环境

31 地球是如何形成的

地球是太阳系的一个成员。太阳系家族由太阳这颗恒星，水星、金星、地球、火星、木星、土星、天王星、海王星8颗行星，5颗已经辨认出来的矮行星，以及约50万颗小行星、卫星和彗星组成，太阳是太阳系的"家长"。

根据拉普拉斯星云说理论，太阳系在形成之前，是一片由炽热气体组成的星云，当气体冷却引起收缩时，星云开始旋转。由于重力的作用，旋转速度加快，星云变成扁的圆盘状。我们知道，洗衣机有一个脱水机，把湿衣服放进去，脱水机快速旋转起来，衣服内的水分就会被"抛"出去，湿衣服变成了干衣服。把水抛出去的力，就是离心力。同样道理，当星云边收缩边旋转，周围物质的离心力超过了中心对它的引力时，就分离出一个圆环来。就这样，太阳系产生了一个又一个圆环。最后，中心部分变成太阳，周围的圆环变成了行星，其中一颗就是地球。地球是在大约46亿年前诞生的。

地球与环境

> 太阳系中有8颗行星，其中的一颗行星就是地球。

小测验

宇宙诞生于大爆炸，在形成星球的同时也逐渐形成了星系，星系中有 __F__ 银河星系，其中一个银河系中有一个太阳系，太阳系中有 __B__ 行星，其中的一颗行星就是地球。

A. 7颗　　B. 8颗　　C. 9颗
D. 1个　　E. 2个　　F. 约10亿个

32 "天狗吃月"是怎么回事

　　太阳由炽热气体构成，主要成分为氢和氦。在太阳内部高温（1500万开以上）、高压（约 2.5×10^{16} 帕）的条件下，氢原子会发生热核反应，由4个氢原子核合成为1个氦原子核。在这个反应中，有一部分质量转化为能量，放

原子能是我的能源，我能发光。

我不会发光，靠反射太阳的光而发亮。

出大量的热量,源源不断地辐射出光和热。原子能就是太阳的能源。

月亮(科学的叫法是月球)本身是不会发光的,靠反射太阳的光而发亮。由于月球引力小,保留不住大气,声音也无法传播,所以月球上是一个寂静无声、死气沉沉的世界。

当地球位于太阳和月亮中间、挡住太阳光的时候,就出现了月食,这时我们看见的月亮是一部分不反射光或全部都不反射光的。传说中的"天狗吃月"就是这个道理。

小测验

月亮是靠 __B__ 发亮的。

A. 本身发光　　B. 反射太阳光　　C. 反射恒星光

33 一天和一年是怎么来的

我们所说的一天 24 小时,一年 365 天是根据地球的自转和公转得来的。

地球绕自转轴自西向东的转动,叫作地球自转。地球自转一周是 23 小时 56 分 4 秒,这就是所说的一天。

> 我自转一圈是一天,我绕着太阳转一圈就是一年。

小测验

地球绕太阳公转一圈的时间是 __B__ 。

A. 1天　　B. 1年　　C. 1.9年

地球与环境

地球在自转的同时还围绕太阳转动，地球环绕太阳的运动叫作地球公转。地球公转的周期约等于365日6时9分10秒，这就是所说的一年。

34 所谓的"黑道凶日"和"黄道吉日"可信吗

用天干、地支记载年、月、日，是我国特有的一种方法。这种历法，就是现在仍在用的农历，多记在历书即过去的皇历上。但在老皇历上，又主观地、人为地把每天划分成"黄道吉日"和"黑道凶日"，想把人们的思想和行为束缚住，让人听从皇历摆布。

在现实生活里，火车、轮船、飞机、汽车每天都在开动，高楼大厦每天都在建，人们每天

小测验

过去靠迷信骗钱的阴阳先生把一年365天,分成"吉""凶"两类。今天是"离"日或"绝"日,干什么事都不相宜,叫作"黑道凶日",而某一天干什么事情都毫无禁忌,就是好日子,叫作"黄道吉日"。这是 __C__。

A. 有一些根据的　　B. 有道理的
C. 毫无科学根据和科学道理的

地球与环境

也都上班办事,从来没有因为什么日期不吉利而停开、停建或待在家里。如果说今天做买卖亏了本是因为日子恰好到了"黑道上",那赚钱的一方不也是在同一天、同一时辰吗?这又怎么解释呢?所以,"黄道吉日"和"黑道凶日"是封建迷信,是没有科学根据和科学道理的。

71

35 地球的里面长什么样

蛋壳
蛋白
蛋黄

鸡蛋

我们可以把地球看作半径约为6371千米的实心球体。它的构造就像一个半熟的鸡蛋，主要分为三层。地球的外表相当于蛋壳，这部分叫作地壳（qiào），它的厚度各处很不一样，由几千米到70千米不等，其中大陆壳较厚，海洋壳较薄。地壳的下面是中间层，相当于鸡蛋白，也叫地幔，厚度约为2900千米。地球的内部相当于蛋黄的部分叫作地核，地核又分为外地核和内地核。

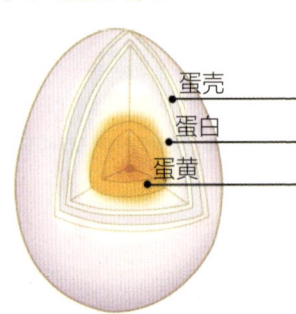

地球每一层的温度很不相同。从地表以下平均每下降100米，温度升高3℃，在地热异常区，温度随深度增加得更快。比如，我国华北平原某一个钻井钻到1000米时，温度为46.8℃，钻到2100米时，温度升高到84.5℃。根据各

地球与环境

地球内部越接近地心,温度越高。

地壳
地幔
地核

地球

地球的内部结构

种资料推断,地壳底部和地幔上部的温度为1100~1300℃,地核温度为2000~5000℃。

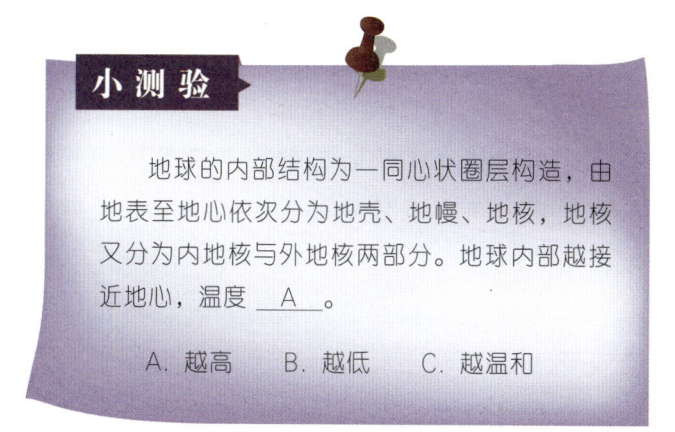

小测验

地球的内部结构为一同心状圈层构造,由地表至地心依次分为地壳、地幔、地核,地核又分为内地核与外地核两部分。地球内部越接近地心,温度 __A__ 。

A. 越高　　B. 越低　　C. 越温和

73

36 为什么说地球上的水"既多又少"

地球上的水资源，从广义上来说指水圈内水量的总体，包括经人类控制并直接可供灌溉、发电、给水、航运、养殖等用途的地表水和地下水，以及江河、湖泊、井、泉、潮汐、港湾和养殖水域等；从狭义上来说指在一定经济技术条件下，人类可以直接利用的淡水。目前全世界的淡水资源仅占总水量的 2.5%，其中 70% 以上被冻结在南极和北极的冰盖中，加上难以利用的高山冰川和永冻积雪，有 86% 的淡水资源难以利用。人类真正能够利用的淡水资源是江河湖泊和地下水中的一部分，仅占地球总水量的 0.007%。虽然地球超过 2/3 的面积都被水覆盖，但可供人类利用的淡水资源却非常有限，所以说地球上的水"既多又少"。

水资源危机指在自然灾害和社会与经济异常或突发事件发生时，对正常的水供给或水灾害防御秩序造成威胁的一种情形。造成水资源

污水

冲厕所

浇花

污水处理厂

污水的再利用

洗车

危机的主观原因主要有：人类对水的需求与日俱增，人为浪费以及人们对水资源的污染。比如，由于松花江污染导致哈尔滨市停止供水4天，太湖蓝藻大量繁殖导致无锡市自来水水质变化等。水资源危机将成为21世纪人类面临的严峻的现实问题之一。

小测验

污水经处理后达到规定水质标准、可在一定范围内重复使用的非饮用水，水质介于自来水与排水管道内污水之间，故名为 __B__ 。

A. 下水　　B. 中水　　C. 上水

地球与环境

37 你知道地震是怎么发生的吗 遇到地震该怎么办

地震分为天然地震和人工地震两大类。根据地震的成因，可以把地震大致分为以下几种。

1. **构造地震**。也称断层地震，是由地壳发生断层引起的。地壳（或岩石圈）在构造运动中发生形变，当变形超出了岩石的承受能力，岩石就发生断裂，在构造运动中长期积累的能量急剧地释放出来，以地震波的形式向四面八方传播出去，到地面引起房摇地动，称为构造地震。这类地震发生的次数最多，破坏力也最大，占全世界地震的90%以上。我们通常说的地震，指的就是构造地震。

2. **火山地震**。由于火山作用，如岩浆活动、气体爆炸等引起的地震称为火山地震。只有在火山活动区才可能发生火山地震。

3. **塌陷地震**。由于地下岩洞或矿井顶部塌陷而引起的地震称为塌陷地震。这类地震的规模比较小，次数也很少，即使有也往往发生在溶洞密布的石灰岩地区或进行大规模地下开采的矿区。

4. **诱发地震**。由于水库蓄水、油田注水等活动而引发的地震称为诱发地震。这类地震仅在某些特定的水库库区或油田地区发生。

地球与环境

跑到空旷的地方 　　将门打开 　　乘坐电梯

走安全通道 　　找三角形空间躲避 　　跳楼

灭火和断电 　　保护头部 　　靠近玻璃门窗

遇到地震的应对方式

5. **人工地震。** 地下核爆炸、炸药爆破等人为活动引起的地面振动称为人工地震。

小测验

地震的产生有很多原因，最主要的是 __C__ 运动。

A. 地核　　B. 地幔　　C. 板块（地壳）

77

38 沙尘暴是怎么形成的

沙尘暴是沙暴和尘暴的总称,指强风把地面大量沙尘物质吹起并卷入空中,使空气特别混浊,水平能见度小于1000米的严重风沙天气现象。

沙尘暴的形成需要三个条件：一是地面上的沙尘物质；二是大风；三是不稳定的空气状态。沙尘暴天气主要发生在冬春季节，这是由于冬春季干旱区降水很少，地表异常干燥松散，抗风蚀能力很弱，在有大风刮过时，就会将大量沙尘卷入空中，形成沙尘暴天气。

小测验

1. 沙尘暴是一种风与沙相互作用的灾害性天气现象。气象学上，有利于产生大风或强风的天气形势，有利的 __A__ 分布和有利的空气不稳定条件是沙尘暴或强沙尘暴形成的主要原因。
   A. 沙、尘源　　　　B. 地势

2. 人口膨胀导致的 __B__ 是造成沙尘暴频发的"元凶"。
   A. 大规模开垦土地
   B. 过度开发自然资源、过量砍伐森林、过度开垦土地

39 雾霾天气是怎么形成的

雾霾，顾名思义是雾和霾，但是雾和霾的区别很大。

随着空气质量的恶化，阴霾天气现象增多，危害加重。我国不少地区把阴霾天气现象并入雾，一起作为灾害性天气预警预报，统称为雾霾天气。

$PM_{2.5}$，又叫作细颗粒物、细粒、细颗粒，指空气中空气动力学当量直径小于等于2.5微米的

雾和霾的区别

雾	霾
悬浮在空气中的微小水滴或冰晶组成的气溶胶系统	悬浮在空气中的灰尘、硫酸、硝酸、碳氢化合物等粒子组成的气溶胶系统
呈乳白色或灰白色	呈黄色或橙灰色
厚度只有几十米至200米，边界很清晰	厚度1~3千米，与周围环境边界不明显
在空气相对湿度大于90%时出现	在空气相对湿度小于80%时出现
近地面空气中的水蒸气含量充沛、地面气温低	空气中悬浮颗粒物增加、水平方向静风现象增多、垂直方向出现逆温
含有20多种有害物质，但相对温和	含数百种大气化学颗粒物质（PM_{10}、$PM_{2.5}$）

> 雾是悬浮在空气中的微小水滴或冰晶组成的气溶胶系统。

> 霾中含有灰尘、硫酸、硝酸、碳氢化合物等。

> PM$_{2.5}$，又叫作细颗粒物，粒径小，面积大，活性强，易附带有毒、有害物质。

地球与环境

颗粒物。它能较长时间地悬浮于空气中，在空气中含量越高，代表空气污染越严重。虽然PM$_{2.5}$只是地球大气成分中含量很少的组分，但与较粗的大气颗粒物相比，PM$_{2.5}$粒径小，面积大，活性强，易附带有毒、有害物质（如重金属、微生物等），且在大气中的停留时间长、输送距离远，因而对人体健康和大气环境质量的影响更大。

小测验

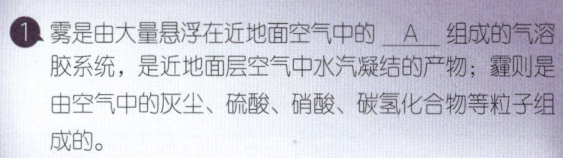

1. 雾是由大量悬浮在近地面空气中的 __A__ 组成的气溶胶系统，是近地面层空气中水汽凝结的产物；霾则是由空气中的灰尘、硫酸、硝酸、碳氢化合物等粒子组成的。

   A. 微小水滴或冰晶　　B. 烟尘

2. 雾霾是一种大气污染，是对大气中各种悬浮颗粒物含量超标的概括表述。雾霾的主要组成是二氧化硫、氮氧化物和 __A__ ，前两者为气态污染物，后者才是造成雾霾天气的主要"元凶"。

   A. 可吸入颗粒物　　B. 灰尘

81

40 为什么不能焚烧秸秆

秸秆是成熟农作物茎叶（穗）部分的总称，通常指小麦、水稻、玉米、薯类、油料、棉花、甘蔗和其他农作物在收获籽实后的剩余部分。农作物光合作用的产物有一半以上存在于秸秆中，秸秆富含氮、磷、钾、钙、镁和有机质等，是一种具有多用途的可再生的生物资源。

小测验

秸秆焚烧的危害有哪些？　C　
A. 污染大气环境　B. 引发火灾
C. 污染大气环境、引发火灾、引发交通事故、破坏土壤结构

焚烧秸秆的危害

1 污染大气环境，危害人体健康。 有数据表明，焚烧秸秆时，二氧化硫的浓度比平时高出1倍，二氧化氮、可吸入颗粒物的浓度比平时高出3倍。通常，当可吸入颗粒物浓度达到一定程度时，对人的眼睛、鼻子和咽喉有黏膜的部位刺激较大，轻则造成咳嗽、胸闷、流泪，严重时可能导致支气管炎的发生。

地球与环境

2 引发火灾,威胁群众的生命财产安全。 秸秆焚烧,极易引燃周围的易燃物,尤其是在村庄附近,一旦引发火灾,后果将不堪设想。

3 引发交通事故,影响道路交通和航空安全。 焚烧秸秆形成的烟雾,可造成空气能见度下降、可见范围减小,容易引发交通事故。

4 破坏土壤结构,造成耕地质量下降。 焚烧秸秆使地面温度急剧升高,能直接烧死、烫死土壤中的有益微生物,影响作物对土壤养分的充分利用,直接影响农田作物的产量和质量,影响农业收益。虽能使部分无机养分得以还田,但整体上得不偿失。

小麦秆　水稻秆
花生壳　玉米芯　玉米秆

秸秆与焚烧秸秆的危害

1. 污染大气环境,危害人体健康。
2. 引发火灾。
3. 形成的烟雾,引发交通事故。
4. 破坏土壤结构,使耕地质量下降。

41 "白色污染"指的是什么

> 难降解的塑料垃圾污染环境，被称为白色污染。

白色污染指破损残留的农用薄膜、塑料包装袋没有被及时收集清理，残留于耕地中或四处飘散导致的污染现象，是人们对难降解的塑料垃圾污染环境现象的一种形象称谓。这些塑料多为聚苯乙烯、聚丙烯、聚氯乙烯等高分子化合物，难以自然降解。白色污染严重影响土壤生态质量，甚至导致牲畜误食引发死亡，危害很大。

地球与环境

白色垃圾，多为聚苯乙烯、聚丙烯、聚氯乙烯等高分子化合物，难以自然降解，影响土壤生态质量，危害很大。

白色污染

小测验

下面哪种物品不是白色污染？ __C__

A. 塑料袋　　B. 一次性塑料发泡饭盒
C. 玻璃杯

42 过量使用化肥有什么危害

1. **减少农民收入。**一方面,过量使用化肥极易使庄稼烧苗,还容易发生病虫害,导致粮食减产;另一方面,据抽样调查,我国80%的农户习惯凭传统经验施肥,盲目采用"以水冲肥""一炮轰"等简单的施肥方法,导致种地投入不断增加,虽然粮食产量有所增加,但增产不增收的现象越来越严重。

2. **导致农产品质量下降。**偏施某种化肥,导致作物营养失调,体内部分物质转化合成受阻,造成产品品质低下,比如蔬菜、瓜果个头很大,但吃起来不香、不甜,这些可能就是超标施用化肥引起的。

3. **加剧环境污染。**①污染水体。当肥料量超过土壤的保持能力时,肥料就会迁移至周围的水体,水中氮、磷含量增加,引起水体富营养化,导致藻类等水生植物生长过多，出现鱼虾死亡现象。②污染土壤。长期过量施用单一种类化肥，会导致土壤结构失调、土地板结，部分地块有害金属和有害病菌超标，致使土壤性状恶化。③污染大气。施在农田的氮肥，一部分会直接从土壤表面挥发成气体进入大气，还有一部分会以有机或无机氮形态进入土壤，通过大气循环进入大气，造成大气中氮氧化物含量的增加。

4 **危害人类健康。** 环境污染会极大地威胁人类健康。比如，过量的化肥会渗入浅层地下水中，使井水或河水中的亚硝酸盐含量增加；在施用化肥过多的土壤上种植蔬菜等作物会使其中的亚硝酸盐含量增加。长期食用不安全的食品和饮用水，会危害身体健康，甚至诱发癌症。

5 **浪费紧缺资源。** 化肥成本之所以居高不下，是因为生产化肥的主要原料——石油、煤、天然气等都是我国的紧缺资源。有数据表明，2004年我国化肥生产消耗约1亿吨标准煤，超过国家能源消耗比重的5%。

43 如何防治农业面源污染

农业面源污染,指在农业生产中,主要是在种植、养殖过程中,使用的化肥、农药、激素等,产生的秸秆、动物尸体、粪尿等,以及病虫菌等分散污染源,引起的对水层、湖泊、河岸、海岸、大气等生态系统的污染。农业面源污染与有固定、可查究污染源的点源污染(如工业企业污染)相比,时空范围更广,不确定性更大,成分、过程更复杂,更难以控制。当前,使用剧毒农药、过量施撒化肥、随意丢弃不可降解农膜、露天焚烧秸秆、大型养殖场禽畜粪便甚至尸体不做无害化处理,随意堆放、丢弃等落后的生产方式和非科学的经营管理理念,是造成农业环境面源污染的重要因素。在水体污染中,60%~80%的河流和湖泊富营养问题是由农业面源污染造成的。

地球与环境

剧毒农药的使用、化肥的过量使用

抛弃于田间的不可降解废旧农膜

大型养殖场禽畜粪便不做无害化处理，随意堆放

农药包装废物的随意丢弃

露天焚烧秸秆

生活垃圾与生活污水随意排放

农业面源污染的来源

防治农业面源污染的方法

1. **科学施肥**。采用测土配方施肥,严格按照专业人员提供的配方,根据天气、土地、农作物情况等决定施肥方法和数量,并结合化肥深施、有机肥及无机肥配施等技术施肥,可以提高肥效、增加产量、改良土壤。

2. **规范农药使用**。建立安全用药制度,禁止使用高毒、高残留农药,使用高效低毒、低残留农药,严格按照说明书要求使用农药;在清晨或傍晚喷药为宜,避免强风喷洒;喷药后,不要在喷雾器内存放农药,喷雾器应及时清洗干净;用完的农药玻璃瓶应该打碎,金属罐桶应该压扁,掩埋在1米深的土中,清洗所用的抹布应该掩埋或焚烧,防止二次污染。

3. **综合防治病虫害。** 主要包括：利用耕作、栽培、育种等农业措施防治农作物病虫害；利用生物技术和基因技术防治农业有害生物；应用光、电、微波、超声波、辐射等物理措施控制病虫害。

4. **废弃物循环利用。** 采取标准化养殖、清洁养殖，发展循环农业，使秸秆、禽畜粪便等各种废弃物能够得到更有效的利用；实现秸秆综合利用；将农田薄膜回收处置；使用新型可降解农膜材料。

小测验

下面哪种行为不会导致农业面源污染？__B__

A. 使用剧毒农药　　B. 测土配方施肥
C. 焚烧秸秆

44 农村环境污染物的主要来源有哪些

农村环境污染物的主要来源有以下四个方面：一是人畜粪便、污水等，内含大量病原体，包括细菌、病毒、寄生虫卵等，是传播疾病的主要来源。二是居室内煤炭燃烧不充分，导致

人畜粪便、污水等到处排放

居室内燃煤不充分导致室内空气污染，引发呼吸系统疾病

农药、化肥的不科学施用

农村地区工业污染

农村环境污染物的主要来源

室内大量二氧化碳、芳烃、一氧化碳、氟化物等聚集，形成室内空气污染，引发呼吸系统疾病。三是农药、化肥的不科学施用。不科学地施用农药以及防护措施不严格，可使有机氟、有机磷、有机氯、氨基甲酸醋、拟除虫菊酯类农药等有效成分，通过皮肤、口鼻黏膜等直接进入人体，造成毒害；对土壤和水体也会造成直接的污染。滥施化肥会导致养分流失，引起水体污染，严重破坏水体功能。严重的情况下，会导致鱼虾死亡、水体黑臭，使土壤和水体的自净功能丧失。四是农村地区工业污染，如土法炼汞、炼金、炼硫黄、造纸、印染、电镀、制造磷肥、制造水泥等，都会产生许多有毒的废弃物，其中往往含有汞、二氧化碳、氰化物、氟化物、粉尘等有毒有害成分，污染水、空气、食物，危害人的健康。

小测验

下面哪项不是农村环境污染物的主要来源？　C

A. 人畜粪便、污水

B. 农药、化肥不科学施用　　C. 秸秆

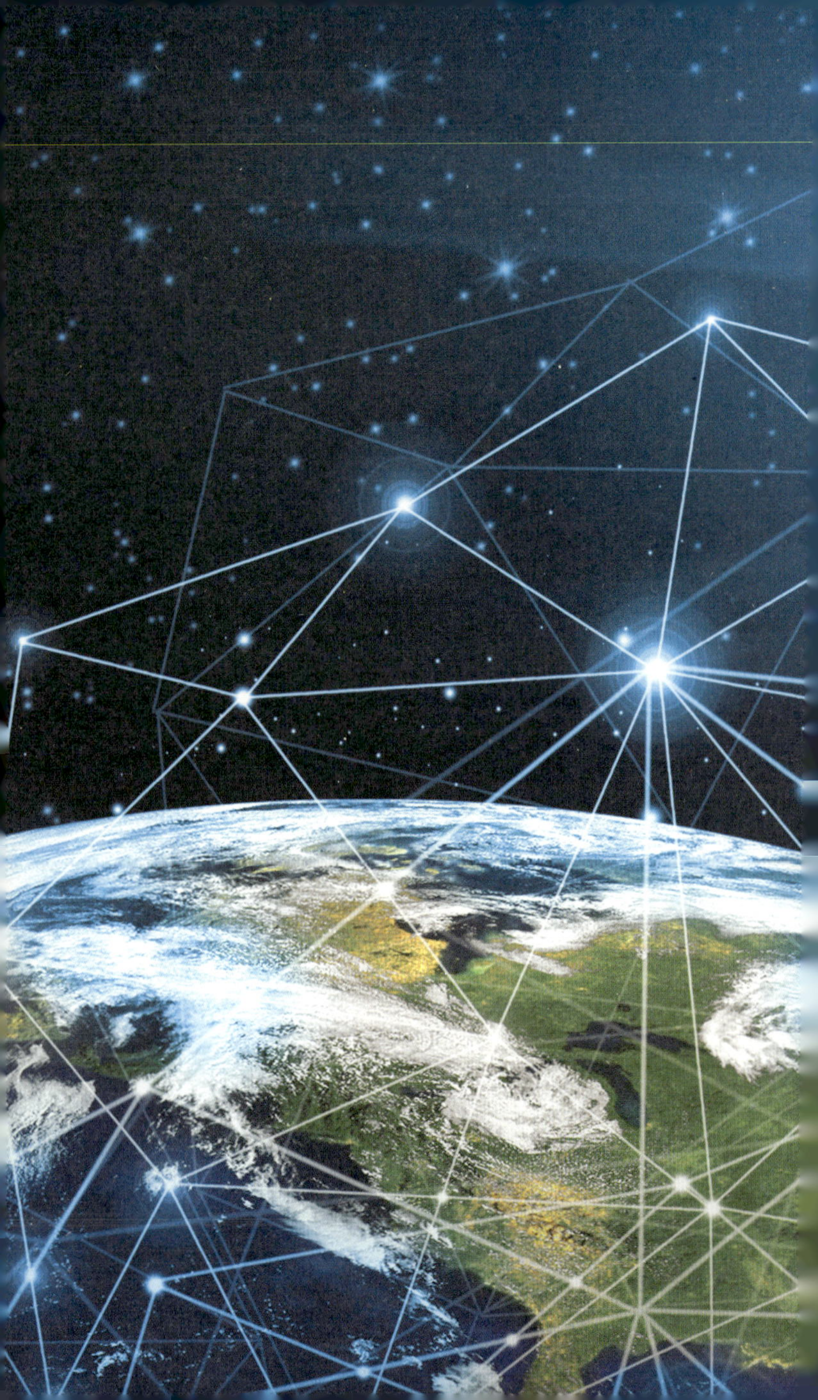

数学与信息

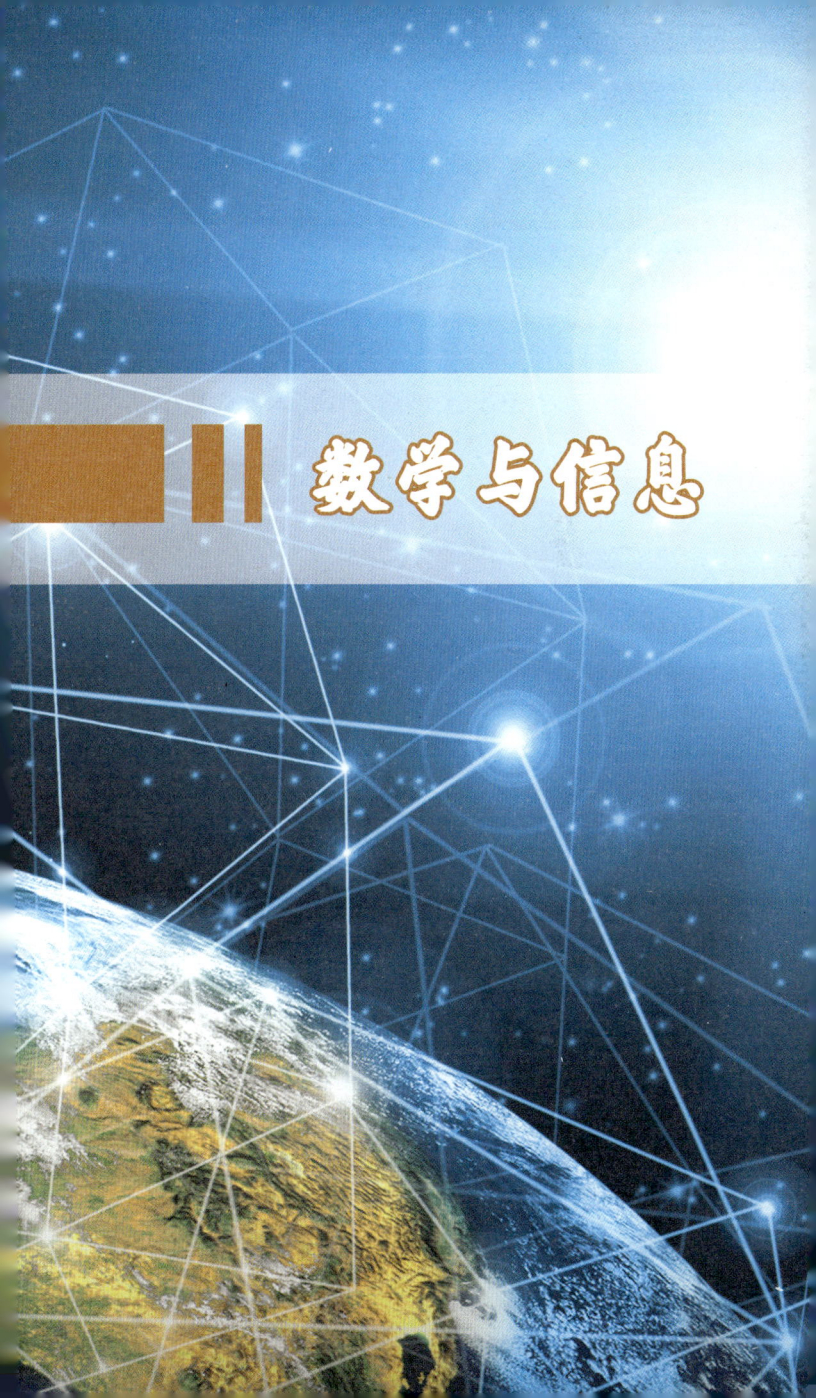

45 能通过买彩票很快发财致富吗

这个涉及数学中的概率问题。以大家熟悉的福利彩票双色球为例。

一等奖（6+1）中奖概率
红球33选6乘以蓝球16选1=1/17721088=0.0000056%

二等奖（6+0）中奖概率
红球33选6乘以蓝球16选0=1/1107568=0.00009%

三等奖（5+1）中奖概率
0.000026%

四等奖（5+0）和（4+1）中奖概率
分别是：0.00042%、0.015%

五等奖（4+0）和（3+1）中奖概率
分别是：0.24%、0.11%

六等奖（2+1）、（1+1）和（0+1）中奖概率
分别是：0.012%、0.189%、6.25%

一等奖

18000000 人

这么低的中奖率，靠买彩票不能发家致富！

拿六等奖（0+1）中一个蓝球来说，奖金虽然只有很少的5块钱，但也不是每个人都能中，而是100个人里才有大概6个人能中，这还是最容易中奖的。而一等奖虽然奖金数额很高，但10亿人里才有大概56个人中奖。所以，以买彩票这么低的中奖率，要发财致富是非常困难的。

小测验

双色球中二等奖的概率是多大？　A

A. 百万分之九　　B. 万分之九
C. 百分之九

46 大数据是什么

大数据听起来很抽象，实际上与我们的生活息息相关。我们每天上网、玩儿游戏、用手机、去超市、住宾馆、买车票、看医生等行为，都会在网络上留下印迹，把每个人的浏览记录、搜索记录、社交关系、购物清单、阅读

大数据可以帮人们选择和判断信息。

大数据是人们用来描述和定义信息爆炸时代产生的海量数据，并命名与之相关的技术发展与创新的。

大数据的定义

书目、旅游经历、医疗记录等汇总起来，就构成了日常生活中的大数据。例如，淘宝网1分钟处理9万个订货单据，新浪微博高峰期1秒钟接受100万次请求，百度每天要处理60亿次搜索，这些都是大数据的具体表现和实际应用。

大数据，是人们用来描述和定义信息爆炸时代产生的海量数据，并命名与之相关的技术发展与创新的。为什么叫大数据？因为数据规模非常庞大，庞大到令人难以想象。大数据的一个起始计量单位是ZB（十万亿亿字节），1ZB是什么概念？就如同全世界海滩上的沙子数量的总和。

世界正在进入大数据时代。利用大数据，可以帮助预测机票价格走势，为旅游者省钱；预测交通拥堵情况，帮助人们选择更好的时段和路线，节省出行时间；提供更准确的书单，帮助读者发现更多好书；判断出流感疫情的现状，提前为疫情做好防范准备等。最有趣的一件事是，美国一家超市根据一个女孩的购物记录，准确推断出这个女孩怀孕了，并向她推销有关婴儿用品，而此时女孩的父亲还不知道自己的女儿已经怀孕了。

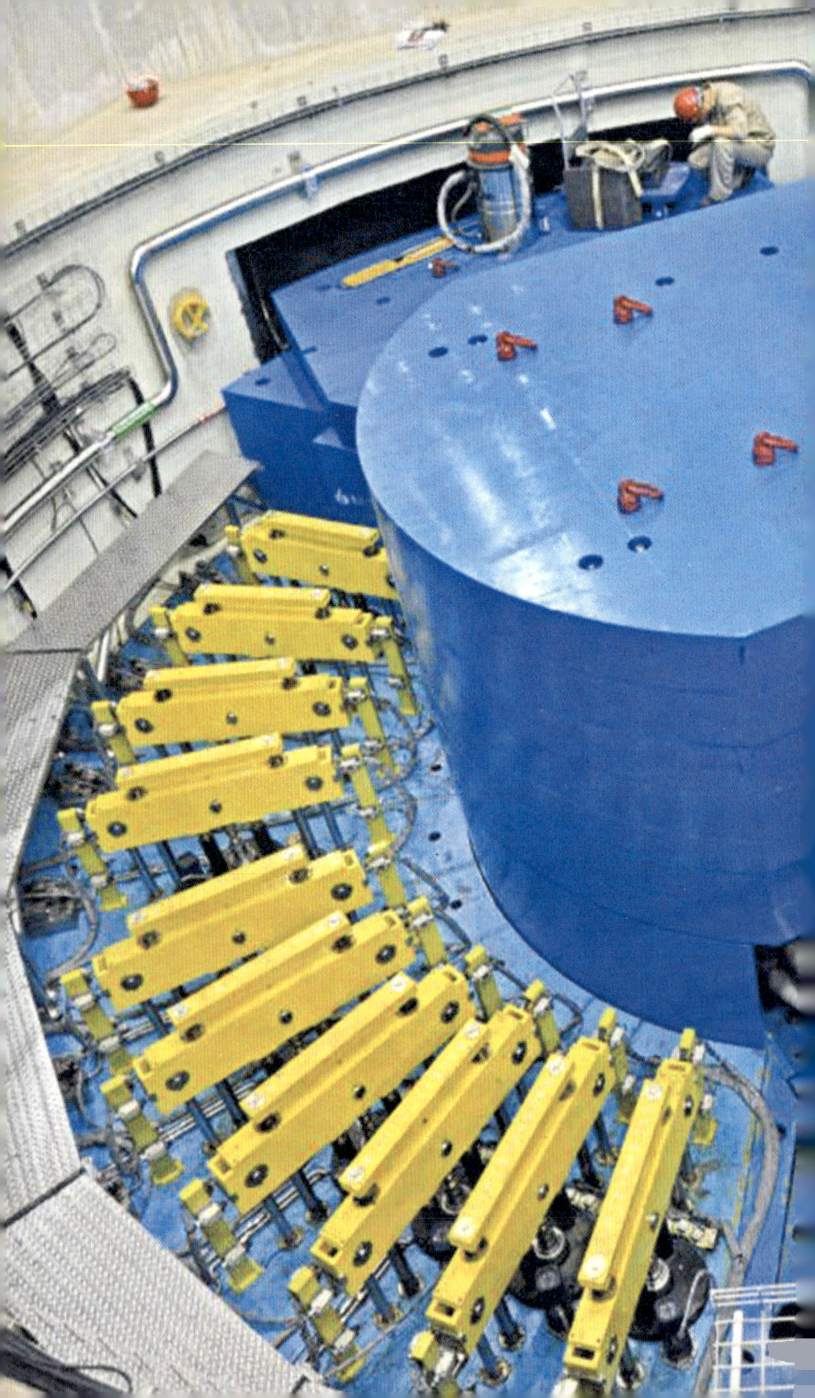

物质与能量

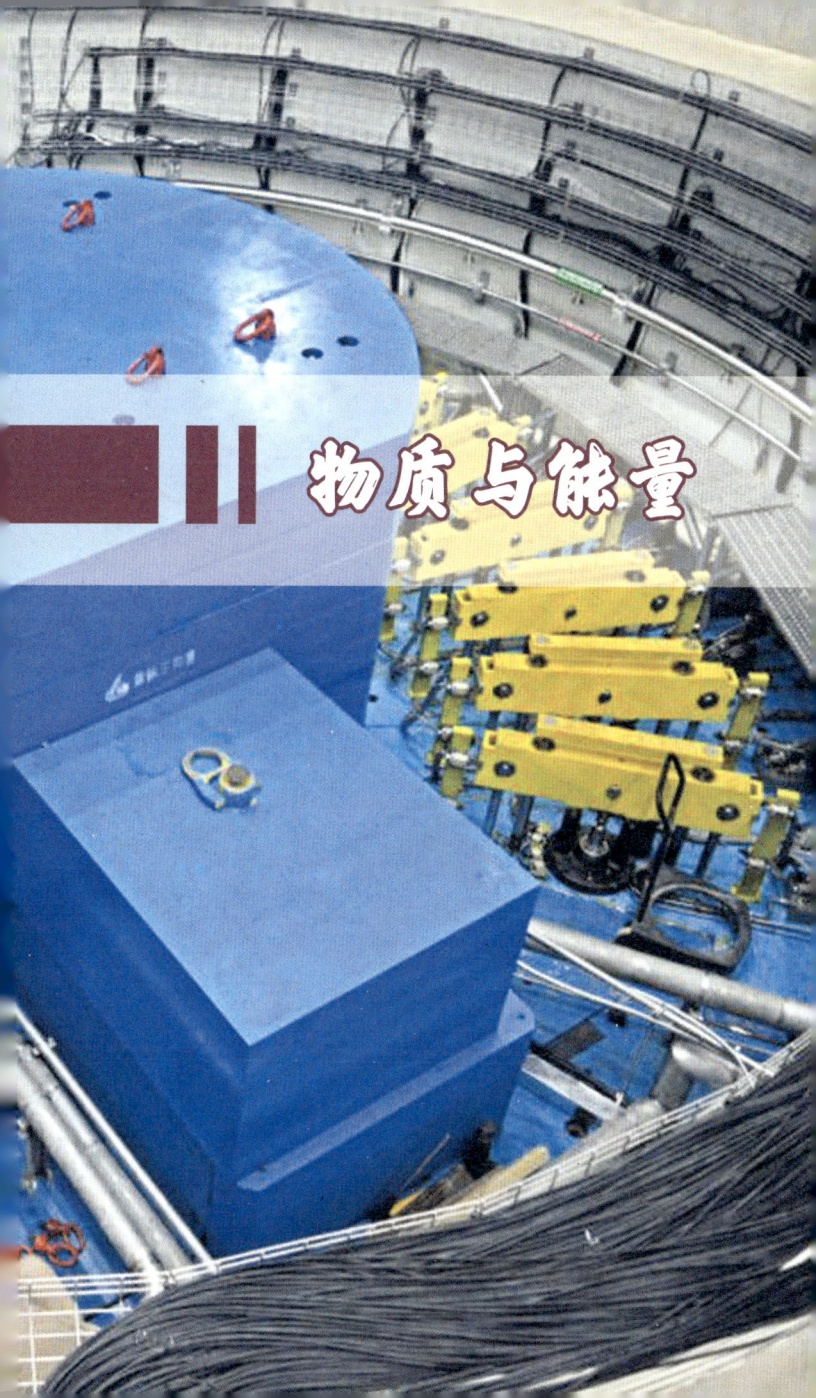

47 纳米材料的奥妙在哪里

纳米，如同毫米、厘米和米一样，是一个长度单位。不过1纳米真的很短，只相当于1米的10亿分之一，差不多是头发丝直径的10万分之一。若把直径为1纳米的小球与一个乒乓球对比的话，就像是把一个乒乓球与地球做比较一样。因此，纳米科技是在和肉眼不可见的微观世界打交道。

1纳米是一根头发直径的10万分之一！

纳米毛衣防静电，还防水！

神奇的纳米材料

纳米材料其实就是尺寸上在1～100纳米的一类材料，纳米尺度大小的纳米颗粒和纳米直径的纳米管有多种用途：例如在毛衣里面加入金属纳米颗粒，既可以防止静电又有很好的防水效果；采用纳米涂层的冰箱和洗衣机等具有更好的除菌性能；未来世界里，纳米机器人甚至可以进入人体血管，清理垃圾，防止高血脂、脑血栓等疾病。

小测验

纳米是一个 __B__ 单位。

A. 毫微米　　B. 长度　　C. 度量衡

48 激光是一种什么光

在很多城市夜景里常常会看到插入云端的光束，这一般是激光。它和普通光一样，在真空中传播速度高达30万千米/秒，但激光还具有更多独特的优势。

普通光

光中都具有含能粒子，它们被称为光子。普通光里面的光子如同一盘散沙，无论在能量、传播方向、步调上都比较杂乱无章。但激光里面的光子比较"单纯"，某种颜色的激光只含有一类光子，而且传播方向和步调都有很高的一致性，像是一支纪律严明的光子部队，行动一致，因而有着极强的战斗力。正是如此，激光具有非常好的方向性，亮度极高，颜色也很纯净，是很好的单色相干光。这就是许多事情激光能做，而阳光、灯光、烛光等不能

激光
月球
光纤通信
地球

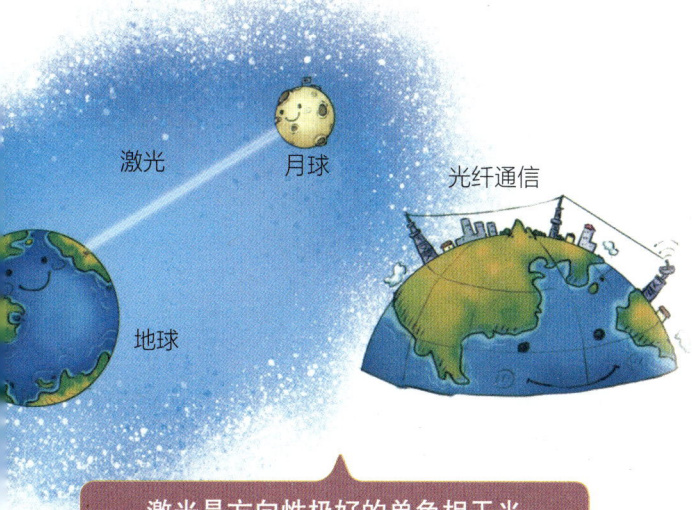

物质与能量

激光是方向性极好的单色相干光

做的主要原因。例如，利用激光反射可以测量地球和月球的距离，激光在光纤里传播还能实现远距离光纤通信。但在生活中运用激光要小心，尤其不要让激光笔直射眼睛。

小测验

激光是一种方向性极好的 __C__ 。利用激光来有效地传送信息，叫作 __E__ 。

A. 相干波　　　　　B. 单色光
C. 单色相干光　　　D. 光纤通信
E. 激光通信

49 声音是怎样传播的

声音的传播需要介质，固体、液体、气体都能作为介质传声。我们平常听到声音，是因为声音靠空气传到了人的耳朵里。

介质不同，声音的传播速度也不同，一般来说声音在固体中传播的速度最快，在气体中最慢，在液体中速度居中。所以，古代的士兵躺在地上用耳朵贴地听声音，可以知道前方

固体

声音在三种介质中的传播

物质与能量

小测验

声音可在 __C__ 中传播。

A. 气体、导体
B. 固体、半导体
C. 固体、液体、气体

有无人马过来；游击战士经常用耳朵贴铁轨听音，可以提前知道是否有列车到来；鱼在水下因为听见岸上人们的说话声音而被吓跑。

气体

液体

50 为什么先看到闪电后听见雷声

夏天出现雷电交加现象时，我们常常先看到闪电，过后几秒甚至十几秒才听到雷声。事

光每秒钟传播30万千米。

轰隆 声音在空气中每秒钟只能传播0.34千米。

下雨时为什么先看到闪电，后听到打雷声呢？

光速是声速的约 90 万倍

物质与能量

实上,发生雷电的一瞬间,闪电和雷声是同时产生的。我们先看到闪电后听到雷声,是因为在空气中,光的传播速度是 30 万千米/秒,而声音在空气中的传播速度要慢得多,是 0.34 千米/秒,光速是声速的约 90 万倍。闪电很快就能传过来,而雷声要过一会儿才能传过来。

小测验

打雷、打闪时是先看到闪电后听见雷声,炸弹爆炸时是先看到光后听见爆炸声,这是因为 __C__ 。

A. 距离远
B. 人的听觉不如视觉反应快
C. 光速比声速快

51 怎样避免电磁辐射污染

电视机、电冰箱、洗衣机、电磁炉、微波炉、电吹风机、电热毯、电脑、手机等，都是我们身边的电磁辐射源，都可以产生不同形式、不同频率、不同强度的电磁辐射。虽然电磁辐射无处不在，但是在通常情况下低频电磁辐射对人体造成的伤害都是隐性的且积累的，只有超过一定强度后形成了严重的电磁污染或长时间积累到一定程度，才会对人体产生严重

小测验

电脑产生的低频电磁辐射对人体造成的伤害是 __C__ 。

A. 突发性的　　B. 积累的
C. 隐性的、积累的

物质与能量

的危害,导致心血管疾病、糖尿病等,甚至不孕不育、流产和癌症。

要想使电磁辐射危害降到最低,日常中我们应做到以下几点。

① 室内要保持良好的环境,如舒适的温度、清洁的空气等。
② 避免长时间连续操作电脑、看电视、打电话等,远离工作时的微波炉。
③ 注意保持皮肤水分和补充营养,适度休息,缓解视力和身体疲劳。

52 如何给化石测"年龄"

报纸上经常有相关报道,比如发现了某种化石,进而推断出化石形成的大致年代。那么,科学家是怎么知道化石形成的年代呢?

首先,我们需要知道一些放射性元素衰变的知识。某些特定的放射性元素的原子核会逐渐转变为质量更小的原子核,这叫作衰变。衰变的快慢是由原子核内部结构决定的,与外界条件无关。

科学家常常用碳-14年代测定法来测定古生物化石形成的年代。这是因为,一般的生物体内都含有碳-14。当生物死亡后,体内的碳-14就开始衰变。

小测验

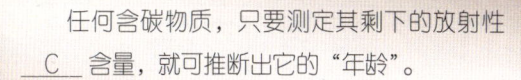

任何含碳物质，只要测定其剩下的放射性 __C__ 含量，就可推断出它的"年龄"。

A. 碳-12　　B. 碳-13　　C. 碳-14

在已知碳-14衰变速度的前提下，可以通过测量样品中的碳-14含量来计算出样品形成的年代。

测碳-14含量可以推测化石形成的年代。

53 你知道核能吗 为什么要建核电站

核能,又称原子能,是通过核反应从原子核释放的能量。核电站是利用核能发电的,主要有以下两个显著优势。

1. 核电是清洁能源,对环境影响小。

目前的环境污染问题大部分是由使用石油、煤、天然气等化石燃料引起的。化石燃料的燃烧排放大量二氧化碳、二氧化硫、氮氧化

产生相同电量

煤电厂　原煤年消耗约300万吨　　核电厂

煤电厂与核电厂的对比

物和飘尘，造成全球气温升高、酸雨频降并破坏臭氧层，对人类和环境造成极大威胁和损害。核电站不会造成这种环境污染，因为它不使用化石燃料。

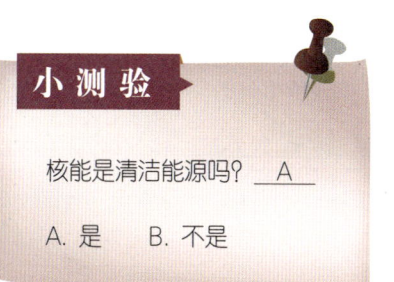

2. 核能是高效能源，消耗资源少。

一座装机容量百万千瓦的煤电厂每年要消耗约300万吨原煤，而一座同样装机容量的核电站每年仅需消耗约30吨核燃料，消耗燃料是煤电厂的十万分之一。由于核电站使用的燃料少，体积也小，因此运输和储存都很方便。

此外，在核能发电的成本中，燃料费用所占的比例较低，不容易受到国际经济形势的影响，发电成本较其他发电方法更稳定。

核燃料年消耗约30吨

小测验

核能是清洁能源吗？ __A__

A. 是　　B. 不是

物质与能量

54 什么是农村清洁能源

农村清洁能源指农村因地制宜开发利用作物秸秆、人畜粪便、生活污水、垃圾等废弃物来生产的清洁能源,以及可以直接利用的太阳能、风能、水力等自然能源,也叫作可再生

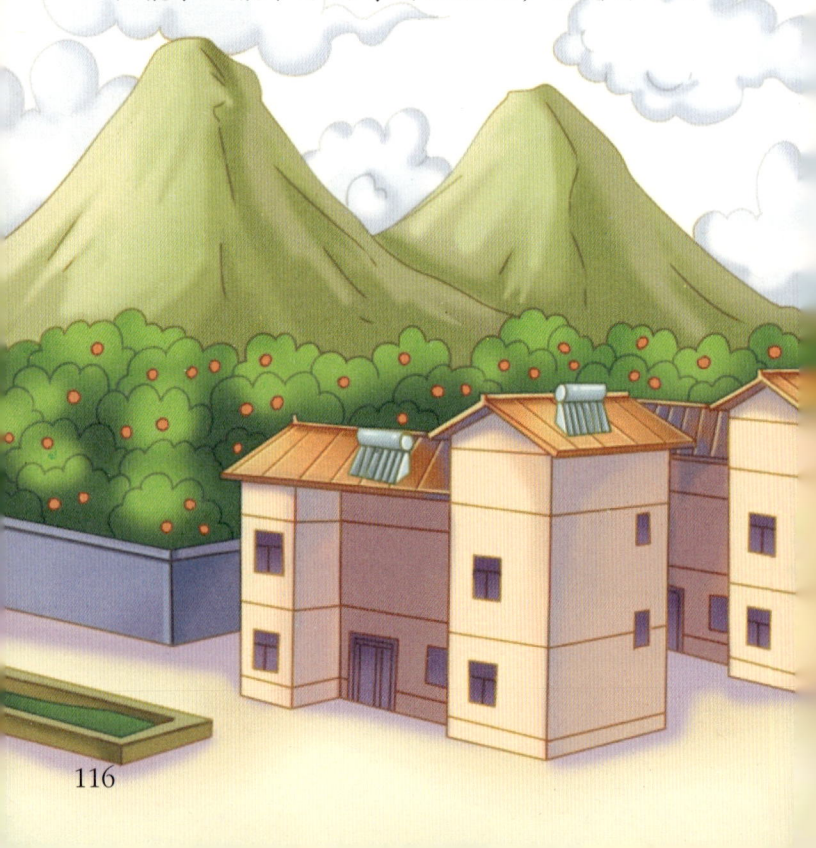

能源。其特点是消耗后可得到恢复补充，不产生或极少产生污染物，能解决农民生产生活中的能源需求。

小测验

以下哪个不属于农村清洁能源？__C__

A. 太阳能　　B. 风能
C. 蜂窝煤

物质与能量

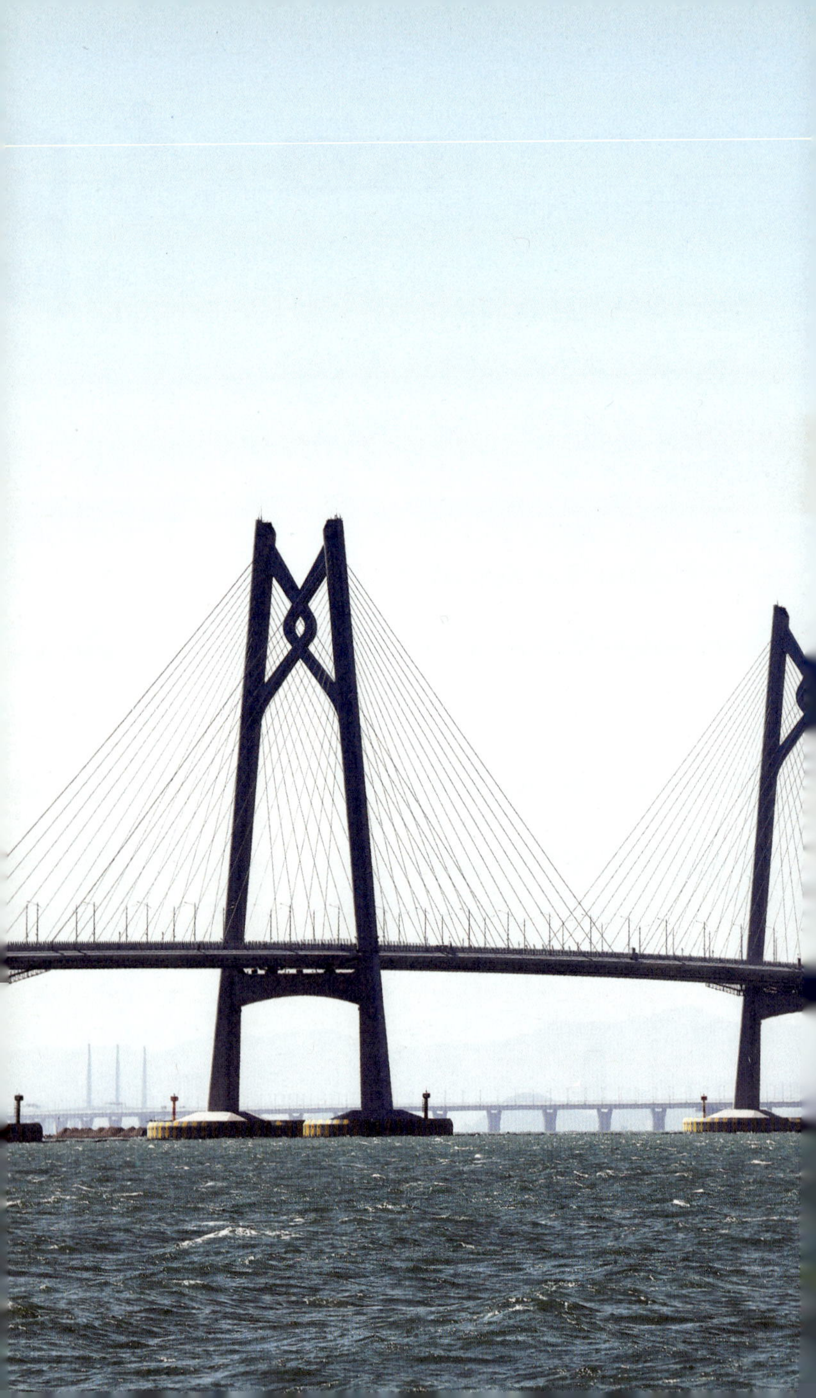

工程与技术

55 互联网可以为农业生产带来哪些改变

互联网，是网络与网络之间联成的庞大网络，通俗来讲就是全球性网络。互联网的用途特别广泛，不仅能通过它了解天下新闻，查阅相关知识，看电视电影，促进人际交流、沟通，而且可以利用互联网与其他产业联合，使人们的生产和生活更加便捷、高效。例如：互联网与智能技术结合成物联网，能实现现代农业生产的远程遥控，足不出户就能对温室、大棚中

小测验

一个办公室或一个单位的计算机网络称为 __C__，一个公司或一个地区的计算机网络称为 __D__。__A__ 是全球通信网络和计算机网络的总和。

A. 互联网　　B. 物联网
C. 局域网　　D. 区域网
E. 万维网

工程与技术

自动浇水、施肥、调节光照

网上银行

远程遥控

购买农资用品，出售农产品

互联网在不同领域的应用

的作物浇水、施肥、调节光照；在农业经营中，能利用互联网上的电商实现网上购买农资用品、网上出售农产品；在日常生活中，还可利用互联网实现网上银行功能，如代缴水费、电费，汇款转账，给信用卡还款等。越来越多的农民朋友已经或正在通过互联网走上脱贫致富奔小康的道路。

56 转基因技术有哪些应用

基因指携带有遗传信息的DNA片段，是控制性状的基本遗传单位。利用基因工程技术把一种生物体的基因转移到另一种生物体中，使后者获得新的性状，并能把这些性状遗传的技术，就是我们经常说的转基因技术。

转基因生物，指通过转基因技术改变基因

苏云金杆菌

将苏云金杆菌（BT）杀虫基因利用生物技术转入棉花中。

BT杀虫基因增强了棉花抗虫害的能力。

转基因技术的应用

组构成的生物,也叫作基因工程生物、遗传改良生物体等。目前,应用转基因技术培育的转基因生物已经有上百种,比如转基因大豆、转基因玉米、转基因鱼、转基因羊,以及可以生产药物、清除污染的转基因细菌等。转基因植物有较多的优点:可以增加作物产量,降低生产成本,增强作物抗病虫害的能力以及提高农产品耐储性等。

工程与技术

转基因技术可降低治虫成本,增加棉花产量

小测验

转基因农作物必须经过食品和环境安全性评价后才能进入商业化生产,到目前为止人类__B__科学证据证明已上市的转基因食品存在安全性问题。

A. 有　　　B. 没有

123

57 基因诊断技术在人类疾病诊断和治疗方面有哪些用途

小测验

基于基因水平进行的诊断和治疗，称为 __A__ 。
A. 基因诊断和基因治疗
B. 基因诊断和疾病治疗

基因诊断又称DNA诊断或分子诊断，通过分子生物学和分子遗传学的技术，直接检测出基因的分子结构水平和表达水平是否异常，对疾病做出判断。

目前，医生做出的诊断往往不能做到百分之百的准确。而基因诊断则完全不同，它是一种对患者基因的实际检测，能排除生活习惯等

> 基因诊断可以检出胎儿是否有缺陷。

外界因素的干扰。因此,基因诊断能够做到从根本上了解病因和疾病的进展,达到准确诊断、指导治疗的目的。

目前,基因诊断主要有以下三方面用途。

1 了解胎儿的遗传缺陷。 遗传病有数千种之多,用基因诊断可以全部检出,而且胎儿在接受产前基因诊断时完全不受损伤。目前,比较常见的肌营养不良、血友病、耳聋等遗传病都可以检测出来。

2 将肿瘤扼杀在摇篮里。 肿瘤治疗效果好坏取决于确诊的早晚。随着基因诊断技术的发展,对肿瘤实行超早期基因诊断和复发监测将成为可能。未来,只要体内有区区数个癌细胞或只是癌前病变,医生就可以及时将癌细胞杀死,不仅疗效好、费用低、痛苦少,还不会影响自身的免疫机能。

3 短时间内明确病菌的抗药性。 由于环境变化和抗生素滥用,许多病原体都具有抗药性,甚至出现了一些多重耐药的超级致病菌。以高集成、大通量的生物芯片为基础,新一代基因诊断技术能够在很短时间内一次完成多种病原体的鉴定和多种药物的抗药性分析,及时筛选出最佳药物用于临床。

58 测土配方施肥是怎么回事

测土配方施肥就是用测土配方施肥仪检测某一地块土壤的养分含量情况,并根据这片地现有的养分含量基础,对某一具体农作物及其目标产量、某一具体化肥品种的成分含量及化肥的利用率,利用仪器的内置测土配方程序进行计算,进而计算出所测土壤是否缺养分,缺什么养分,缺多少;施用什么化肥,施多少,并以此为根据进行农田施肥的方法。

测土配方施肥

工程与技术

利用仪器的内置测土配方程序，计算出土壤是否缺养分，缺什么养分，缺多少，施用什么化肥，施多少。

小测验

测土配方施肥能 __B__ 化肥的使用量。

A. 增加　　　　　B. 减少

127

59 你知道什么是太空育种吗

图为太空椒。与普通青椒相比,太空椒的果实个大,肉厚,口感好,维生素C含量高,产量比普通青椒高25%~30%。

图为太空菜葫芦,单果重4千克左右,最大单果重8千克,而且含有可以治疗糖尿病的苦瓜素。

在浩瀚太空中,在中国空间站里,我国航天员繁忙的飞行任务列表中,有一项特别的"育种"任务——利用生命生态实验柜培育水稻的太空种子。

随着现代科技突飞猛进的发展,农业生物育种迎来常规育种、分子育种、太空育种等技术融合发展的新时代。太空育种即航天育种,也称空间诱变育种,就是将农作物种子或试管种苗送到太空,利用太空特殊的、地面无法模拟的诱变条件(如高真空、宇宙高能离子辐射、宇宙磁场等),促使种子或种苗产生变异,再返回地面选育新种子或新材料、培育新品种的作物育

> 太空育种利用太空特殊的环境加速了种子的变异。

> 超大太空菜葫芦含有可以治疗糖尿病的苦瓜素。

工程与技术

种新技术。

太空育种加速了在地球自然环境中需要成百上千年才能发生的自然变异,有助于选育出高产、优质、早熟、抗病力强的作物品种。太空育种还可大大缩短育种周期,可将杂交育种所需的8~10年时间缩短一半。目前,我国通过太空育种,已经筛选种质资源新材料1200多份,培育水稻、蔬菜等新品种260多个,年推广面积约300万公顷,走在了世界前列。

小测验

太空诱变 __A__ 了种质资源的变异度,有利于选育具有优良新性状的作物品种。

A. 增加　　B. 缩小

60 为什么大力发展农村电子商务

当前,要充分利用新一代信息技术、人工智能等新的增长引擎,推动优质高效的现代服务业同农业农村现代化发展深度融合。党和政府陆续出台了多项惠民政策,大力培养农村电商人才,加快完善农村物流体系,加强农村基础设施建设,营造规范有序的市场环境,支持农村电商发展。"互联网(物联网)+农业"大潮兴起,农业电商时代已经到来。

农村电商作为一种新兴业态,正渗透到农业产业链全过程,快速改变着我国农村的商业模式、经济发展方式和农民生产生活方式。电商企业和平台鼓励引导与农民合作社、种养大户、家庭农场主等建立直采直供关系,开辟特色农产品网上销售平台,把小农户组织起来,增加就业与收入渠道,降低流通成本。同时,利用互联网和AI智能识别手段加强农产品生产全过程监督、分等分级、包装运输标准制定和应用，提高农产品绿色安全生产标准化、品牌化和溯源准确率。此外，随着网贷下乡和农产品进城双向渠道的开通，电子商务进一步带动乡村旅游、农村医疗和金融服务等市场，更好地改善了农民生活，有力推动了城乡一体化发展。

物联网，通俗来说就是物物互联的互联网。

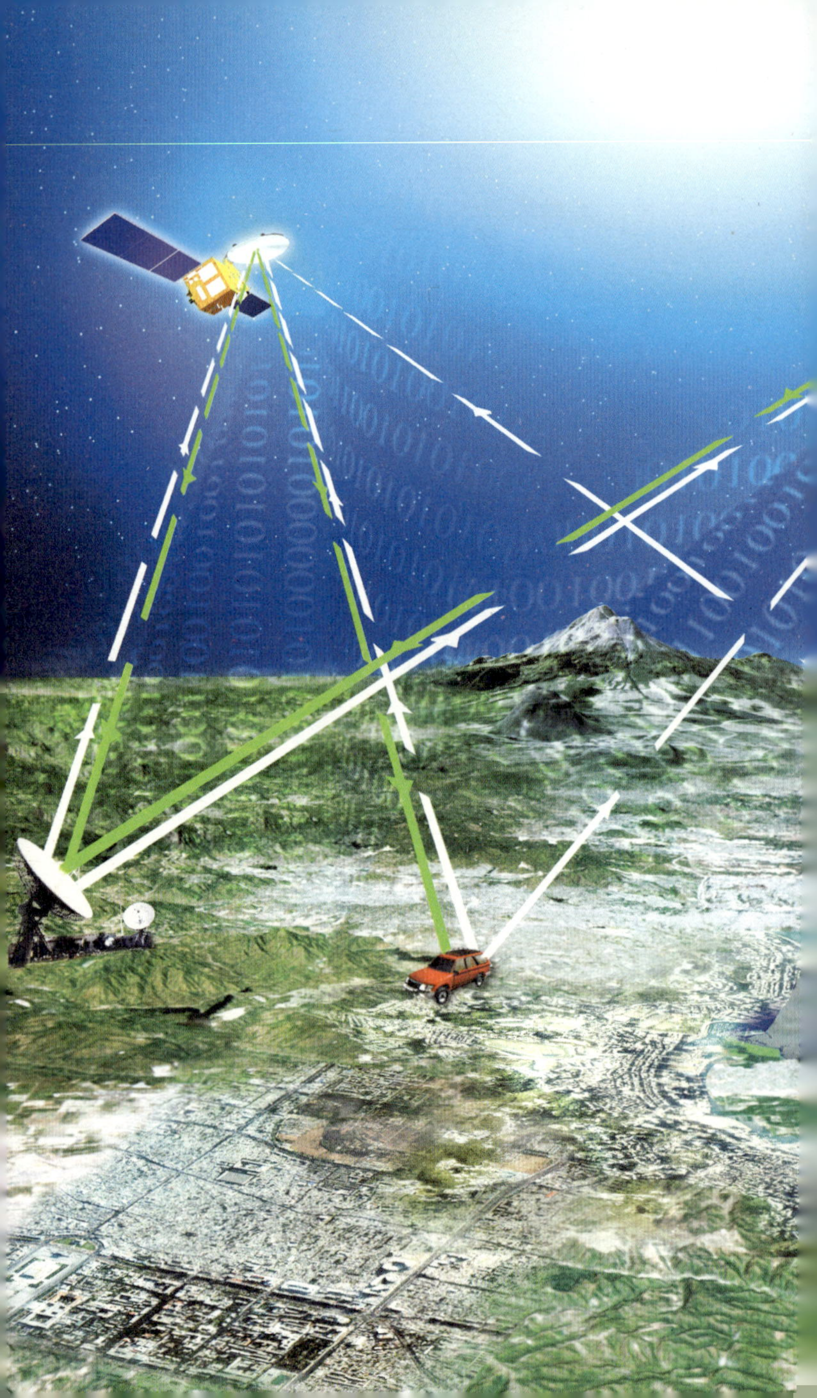

科技与社会

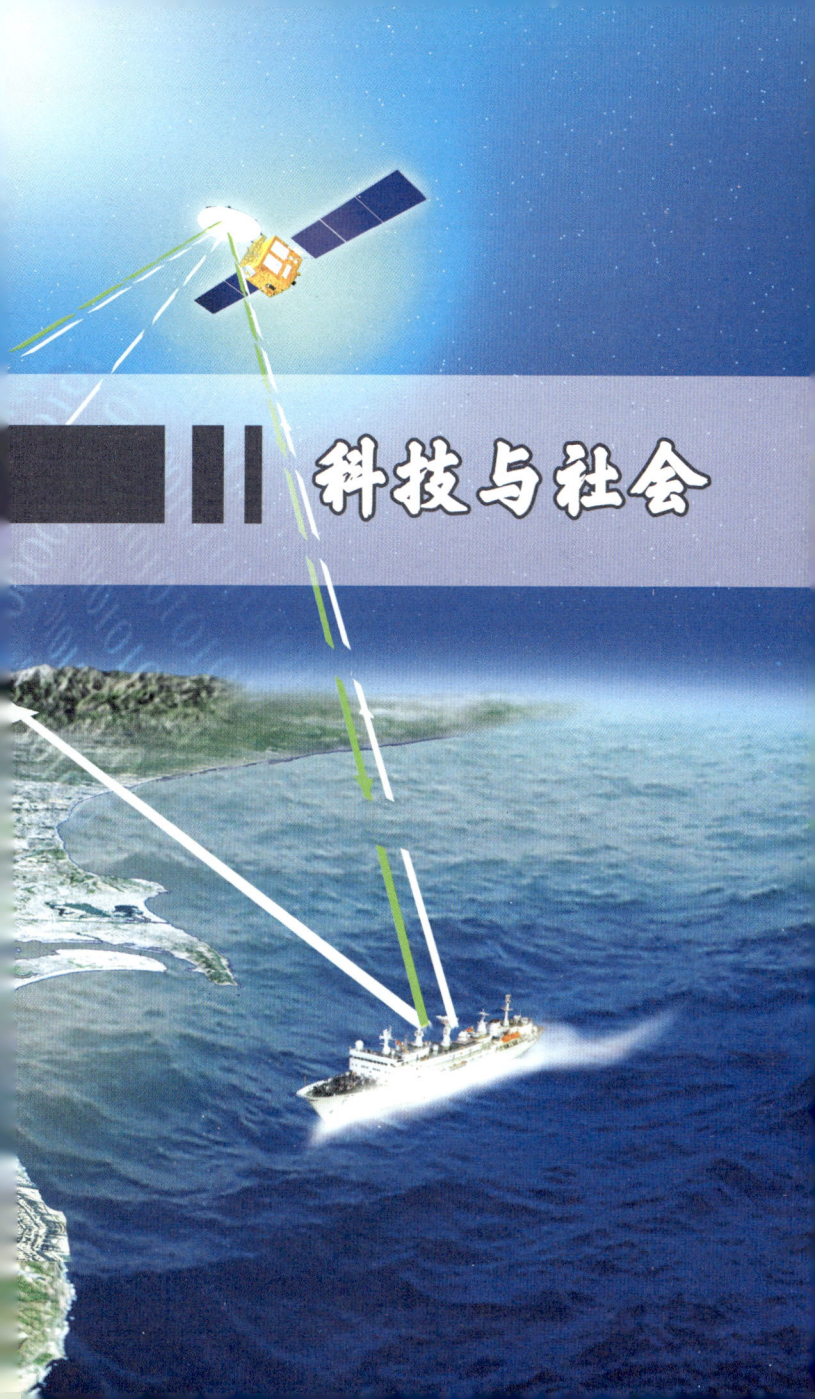

什么是 GDP 什么是绿色 GDP

GDP 即国内生产总值，指在一定时期（一个季度或一年）内，一个国家或地区的经济中所生产出的全部最终产品和提供劳务的市场价值的总值，通常被公认为衡量国家经济状况的指标。

绿色 GDP，指用以衡量各国扣除自然资产损失后新创造的真实国民财富的总量核算指标。即从现行统计的 GDP 中，扣除由于环境污染、自然资源退化、教育低下、人口数量失控、管理不善等因素引起的经济损失成本，从而得出真实的国民财富总量。

绿色 GDP 占 GDP 的比重越高，表明国民经济增长的正面效应越高，负面效应越低，反之亦然。

科技与社会

GDP即国内生产总值

生态采摘园

小测验

GDP 指一定时期（一个季度或一年）内，一个国家或地区的经济中所生产出的全部最终产品和提供劳务的市场价值的总值，即 __B__ 。

A. 国民生产总值　　B. 国内生产总值
C. 国内人均生产总值

什么是低碳生活 如何养成良好的低碳生活习惯

二氧化碳等温室气体的排放，会引发全球气温升高、气候发生变化，导致海平面升高、气候异常等，直接危及人类目前的生存环境。

低碳生活，指生活中尽量采取节约能源和资源的方式方法，从而减少温室气体的排放量，缓解全球变暖的趋势。养成良好的低碳生活习惯，要从改变生活小细节做起。

少用一次性用品

节能环保

棉质、亚麻、丝绸……

购物须理性

茶叶渣

巧用废旧用品

农业生产要注意。 节约地、水、肥、种等资源，发展生态种植、养殖。

传统方式要改变。 减少煤和石油等化石能源的消耗,利用可再生能源做饭、照明、洗澡;使用气化炉和节能灶,提高能源利用率;使用节能灯,明亮又省电。

科技与社会

发展生态种植、养殖

提倡循环利用

出行少开车

传统方式要改变

养成随手切断电源等好习惯

少用塑料袋

养成低碳生活习惯

3. **养成好习惯。**随手关开关、拔插头；空调设定温度保持在 26℃ 以上；冰箱内存放物品的量以占容积的 80% 为宜，放得过多或过少都费电。

4. **少用塑料袋和一次性用品。**出门购物尽量自带环保购物袋，无论是免费或者收费的塑料袋，都减少使用，尽量做到不用；多用非一次性筷子、饭盒，尽量自带餐具；出门自带水杯；尽量减少使用一次性牙刷；少用纸巾，重复使用手绢和手帕。

5. **巧用废旧用品，提倡循环利用。**废旧纸张、玻璃、塑料瓶等，尽量循环利用。提高水利用率，淘米水可以用来洗手、洗脸、洗油污的餐具、擦家具、浇花等，干净卫生，天然滋润；洗衣服的水可以用来拖地板、擦玻璃，最后还可以冲厕所。

小测验

❶ 低碳,指较低或更低的温室气体排放,温室气体__B__。

   A. 指二氧化碳   B. 以二氧化碳为主

❷ "低碳经济"是与低碳生活并提的新理念,指以__C__为基础的经济。

   A. 低污染   B. 低能耗
   C. 低能耗、低污染

科技与社会

⚆ **购物需理性。**买低电耗的环保家电;少买不必要的衣服,衣服多选棉质、亚麻和丝绸;适当选用二手物品。

⚆ **出行少开车。**尽量步行或骑自行车,或使用清洁能源交通工具,绿色出行,健康环保。

63 为什么科学家用小动物做实验来研究人类有什么依据

人类疾病的发生十分复杂,由于各种各样因素的限制,我们不能也不应该直接在人体上进行实验。而动物与人类在功能上有许多共性,利用动物实验观察到的各种生命现象和研究结果,可以用到人类。利用动物进行实验,可以深入研究人类疾病的发生发展规律、预防

小测验

科学家用动物进行科学实验,是通过对活动物进行试验和观察,认识有机界的各种规律。从生物学的角度看,人与动物 __B__ ,能保证动物实验的可靠性。

A. 根本不同　　B. 大同小异
C. 完全一致

与治疗措施，使复杂的问题简单化；通过制备合适的人类疾病的动物模型，可以对肿瘤、烈性传染病等临床上发病率低、潜伏期长或病程长的疾病进行深入探讨；通过动物实验，可以进行临床药物的长期疗效与安全性试验；通过动物实验，可以控制人类疾病和衰老，提高生活质量。所以，动物实验在生命科学研究中有着不可替代的作用。

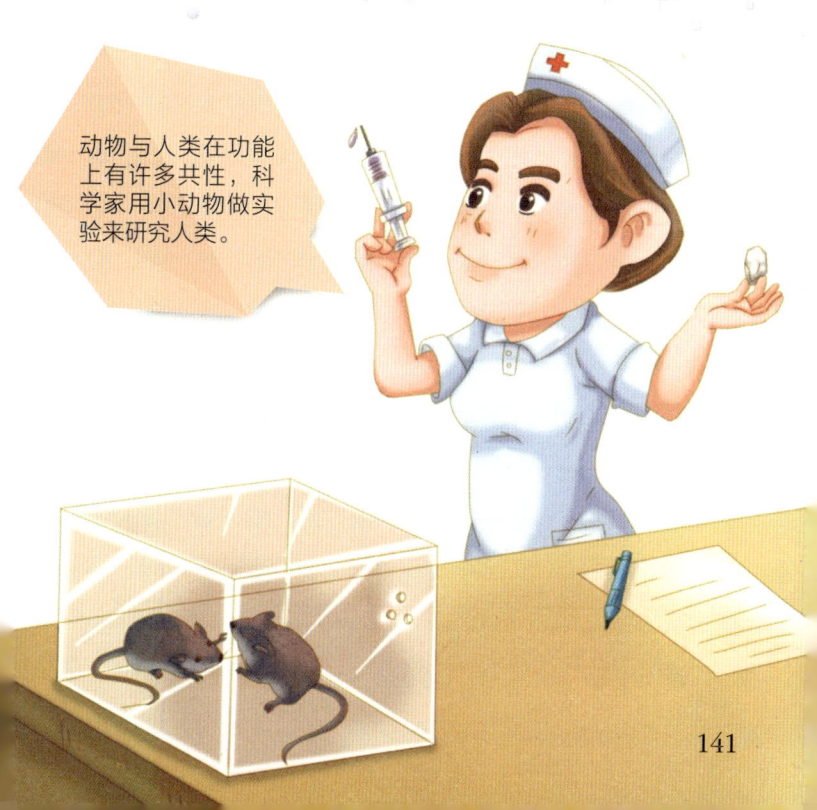

科技与社会

动物与人类在功能上有许多共性，科学家用小动物做实验来研究人类。

64 如何建设农业强国

党的二十大在擘画全面建成社会主义现代化强国宏伟蓝图时，对农业农村工作进行了总体部署。概括来讲：未来5年"三农"工作要全面推进乡村振兴，到2035年基本实现农业现代化，到21世纪中叶建成农业强国。

强国必先强农，农强方能国强。农业强国是社会主义现代化强国的根基。建设农业强国，基本要求是实现农业现代化；利器在科技，关键靠改革；必须保持战略定力、久久为功。

农业强国的中国特色体现在：

一是依靠自己力量端牢饭碗，坚持产量产能、数量质量、生产生态各方面一起抓，增强农业产业链供应链的坚韧性和稳定性。

二是依托双层经营体制发展农业，即以家庭经营为基础，坚持统分结合，广泛开展面向小农的社会化服务，积极培育新型农业经营主体，推进农业适度规模经营。

三是发展生态低碳农业，实现农业生产、农村建设、乡村生活生态良性循环，做到资源节约、环境友好，守住绿水青山。

四是确保农耕文明根脉生生不息，通过中

华民族美好品德和传统文化基因的传承弘扬，促进农耕文明和城市文明交相辉映，物质文明和精神文明协调发展。

五是扎实推进共同富裕，加快实现城乡融合发展、基本公共服务均等化，使农村具备现代生活条件，让农民得以全面发展、过上更加富裕美好的生活。

建设农业强国，基本要求是实现农业现代化。我们既要遵循农业现代化发展的一般规律，建设供给保障强、科技装备强、经营体系强、产业韧性强、竞争能力强的农业强国，也要立足于我国人多地少的资源禀赋、农耕文明的历史底蕴、人与自然和谐共生的时代要求，走自己的路，不简单照搬国外现代化农业强国模式。

建设农业强国，利器在科技，关键靠改革。农业科技工作一方面要紧盯世界科技前沿，加快实现农业科技自主创新、自立自强；另一方面要突出应用导向，加快成果转化。同时，深化农村改革，继续处理好农民和土地的关系，让广大农民在改革中分享更多成果。

建设农业强国，必须保持战略定力、久久

为功。建设农业强国是一项长期而艰巨的历史任务,要分阶段扎实稳步推进,以钉钉子精神锲而不舍干下去。

科技与社会

小测验

我们党制定的全面推进乡村振兴、基本实现农业现代化、建成农业强国目标,所对应的时间节点是 __B__ 。

A. 2023年,2035年,2049年
B. 未来五年,2035年,21世纪中叶
C. 未来五年,21世纪中叶,21世纪末

图书在版编目（CIP）数据

农民科学素质提升行动/《中国公民科学素质提升行动丛书》编写组编.--北京：科学普及出版社，2023.7（2024.1重印）
（中国公民科学素质提升行动丛书）
ISBN 978-7-110-10626-6

Ⅰ.①农… Ⅱ.①中… Ⅲ.①农民—科学—素质教育—中国 Ⅳ.① D422.6

中国国家版本馆 CIP 数据核字（2023）第 124768 号

策划编辑	郑洪炜
责任编辑	郑洪炜　孙海婷
封面设计	中文天地
正文设计	中文天地
责任校对	邓雪梅
责任印制	徐　飞

出　　版	科学普及出版社
发　　行	中国科学技术出版社有限公司发行部
地　　址	北京市海淀区中关村南大街 16 号
邮　　编	100081
发行电话	010-62173865
传　　真	010-62173081
网　　址	http://www.cspbooks.com.cn

开　　本	787mm×1092mm　1/32
字　　数	70 千字
印　　张	5
版　　次	2023 年 7 月第 1 版
印　　次	2024 年 1 月第 2 次印刷
印　　刷	北京盛通印刷股份有限公司
书　　号	ISBN 978-7-110-10626-6 / D·78
定　　价	29.00 元

（凡购买本社图书，如有缺页、倒页、脱页者，本社发行部负责调换）